凡例

・とくに断りがない限り、括弧書き、傍線などは原文のま

・〔 〕は引用者による補足である。

・引用箇所を含め、ルビは適宜ふった。

・国連文書の参考表記については、文書管理番号を用い

。

・頭文字のAは総会（General Assembly）の文書、Sは

curity Council）の文書

をそれぞれ意味する。

・敬称は略した。

略語表

AAR	難民を助ける会
ASEAN	東南アジア諸国連合
CMA	民生支援活動
CRR	中央即応連隊
FOIA	情報自由法（米）
FRETILIN	東ティモール独立革命戦線
INTERFET	東ティモール国際軍
JCCP	日本紛争予防センター
JICA	国際協力事業団／国際協力機構
JOTC	統合活動タスク策定センター
MDA	機雷危険海域
MFO	多国籍部隊・監視団
MINUSTAH	国連ハイチ安定化ミッション
MSR	主要補給幹線
NPT	核兵器不拡散条約
NSC	国家安全保障会議
ODA	政府開発援助
OECD	経済協力開発機構
ONUC	国連コンゴ活動
ONUMOZ	国連モザンビーク活動
PKF	（国連）平和維持軍
PKO	（国連）平和維持活動
PWJ	ピースウィンズ・ジャパン
QIP	即効事業
RENAMO	モザンビーク民族抵抗運動
SNC	最高国民評議会
SPLM／SPLA	スーダン人民解放運動／軍
UNAMET	国連東ティモール派遣団
UNDOF	国連兵力引き離し監視隊
UNGOMAP	国連アフガニスタン＝パキスタン仲介ミッション
UNICEF	国連児童基金
UNIIMOG	国連イラン・イラク軍事監視団
UNITAF	統一タスク・フォース
UNMISET	国連東ティモール支援団
UNMISS	国連南スーダン共和国ミッション
UNOGIL	国連レバノン監視団
UNOSOM	国連ソマリア活動
UNPROFOR	国連保護軍
UNTAC	国連カンボジア暫定統治機構
UNTAET	国連東ティモール暫定行政機構
UNTAG	国連ナミビア独立支援グループ
UNTPP	国連三角パートナーシップ・プログラム
UNTSO	国連休戦監視機構
UNV	国連ボランティア（計画）
WFP	世界食糧計画

はじめに

国連の平和維持活動（ＰＫＯ：Peacekeeping Operations）と聞いて、人はどのような活動を脳裏に浮かべるのだろうか。選挙支援、国家建設、物資輸送など、その活動内容は多岐にわたる。各国政府の枠組みで派遣された要員たちがＰＫＯに勤しむ姿を、映像や写真で目の当たりにした人は決して少なくないであろう。

歴史を繙くなら、ＰＫＯの起源は、第一次中東戦争後の一九四八年に設置された国連休戦監視機構（ＵＮＴＳＯ：United Nations Truce Supervision Organization）にまで遡る（S/RES/50）。紛争当事者間の停戦監視を目的とするＵＮＴＳＯは、七〇年以上を経た現在も継続中である。傍《かたわ》ら国連は、ＰＫＯの任務だけでなく、展開地域の拡大もグローバルに図ってきた。そのような状況に伴い、加盟各国にＰＫＯ要員の派遣を求め続け、その波濤《はとう》はほどなく国連加盟後の日本にも押し寄せるようになる。

ところが、日本のＰＫＯ参加は遅々として実現しなかった。後述するように、文民のＰ

KO参加ですら、国連加盟から三〇年以上を経た一九八八年まで待たねばならない。自衛隊に至っては、さらに四年の歳月を要した。一九九二年六月に「国際連合平和維持活動等に対する協力に関する法律」（国際平和協力法）が成立し、自衛隊のPKO参加がカンボジアでようやく結実するからである。他方、カンボジアでの業務が終焉に向かうにつれ、PKO参加実績の蓄積をめぐる試行錯誤は、いよいよ勢いづく。その意味で、国際平和協力法の成立は一つの分水嶺になり得るが、既存の研究が記すようなクライマックスではない。しかも、ポスト・カンボジア期のPKO参加は、直線的、かつ平坦な道のりを辿り続けたわけではなく、しばしば紆余曲折に満ちていた。

これまでにも、PKO参加実績を検討する試みは、折に触れて進められてきた。しかし、その多くは、二次資料が豊富な派遣先での活動内容を分析の対象としている。また、各自が得意な事例を短期的に扱う傾向が強く、核となる時代や事例が十分網羅されているわけではない。それに、現地でのPKO活動へと向かう道程は、いまだ空白も少なくなく、部分的に描出されても略史の域を出ない。視点の偏向は、広い視野の喪失と隣り合わせでもある。

したがって本書は、派遣先での活動内容を軸にし、それへと至るプロセスを所与の前提として描き出すものではない。こうしたアプローチでは、PKO政策を根底で規定する政府内の検討作業、国内外主体間の折衝《せっしょう》などを捉え切れず、捨象しがちだからである。そこで本書は、ＰＫＯ参加をめぐる政策形成過程に照準を合わせ、国連加盟以来六〇年余りに及ぶ来歴を辿る。換言すれば、活動内容自体に主眼を置くのではなく、それが漸増的に形作られる道筋を明らかにし、いまに至る葛藤と苦悩の歴史を浮かび上がらせる。

言うまでもなく、本書も、先人たちが著した知的遺産の恩恵に浴している。けれども、書籍や論文など既知のものだけでは、ＰＫＯ参加問題の内奥《ないおう》になかなか踏み込めない。それゆえ、行論に際しては、外務省外交史料館所蔵文書はもちろん、「行政機関の保有する情報の公開に関する法律」（情報公開法）で独自に取得した関係省庁の史料も記述に組み込んでいく。さらには、アメリカの「情報自由法」（ＦＯＩＡ：Freedom of Information Act）を通じて取得したアメリカの行政文書と、若干の個人文書なども交えながら論を起こしていきたい。

自衛隊が初めてＰＫＯに参加してから、すでに三〇年以上の月日が流れた。戦後長らく実現が許されなかった政策領域にもかかわらず、その道程はいかに切り拓かれてきたのか。ＰＫＯ政策を特徴づけた人びとの密かな足跡が、われわれに何らかの示唆を与えるに違いない。

以上を踏まえ、本書は、全七章で構成される。第一章では、冷戦期、とくに国連加盟後からナミビアPKO参加までの経緯を明らかにする。第二章では、湾岸危機への対応で錯綜しながらも、停戦後の海上自衛隊掃海艇派遣へと収斂していく過程を辿る。続く第三章でカンボジア、第四章でソマリア、モザンビークを例にとり、政府がそれぞれどう向き合ったのかを検討する。なかでも第四章では、ポスト・カンボジアPKOをめぐる試行錯誤も併せて掘り下げる。第五章では、外交経験に乏しい連立政権の下、旧ユーゴ問題で挫折を味わい、ゴラン高原PKO参加がいかに叶ったかを与党内調整を含めて浮き彫りにする。そして、それまでの経験や枠組みを受け、ときに修正を施しつつ、政府がどう活動へと導いたかを扱うのが、第六章の東ティモール、第七章のハイチ、南スーダンである。これらの章では、派遣先の情勢にくわえ、国連や他国の動向を前に、日本がいかに処したのかを含めて論じていく。

このように日本の歩みを振り返るとき、一般に知られているのは、湾岸危機からカンボジアPKO参加までの時期であろう。そこでは、アメリカの圧力に受け身の日本像が強調され、当時の苦い経験からPKO参加へと進んでいく状況が描かれてきた。たしかに、アメリカの反応が、日本を突き動かした部分も皆無ではない。だが、それのみでは、六〇年のうちの一斑《いっぱん》に過ぎず、実像を摑みきれない。なぜなら、六〇年代以降の日本自らのイニシアティブや、アメリカ以外の組織や人物との接触が分析の射程外に置かれるからである。

本書では、冷戦期、およびポスト・カンボジアＰＫＯの時代も組み込んだうえで、そうした従来の史観に収まり得ない姿を活写し、等身大のＰＫＯ参加問題を複眼的に解き明かしたい。

最後に、一つだけ付言しておく。自衛隊のＰＫＯ参加といえば、とかく論争的で、ともすると根拠に乏しい政策提言や抽象論に陥りがちである。一方、対米関係、対中関係などには、実に膨大な史料開拓や実証研究が存在し、それらに基づく提言が数多《あまた》著されてきた。かかる状況に比し、本書が扱う問題は、いずれの面でも緒に就いたばかりである。政策提言などに傾倒し過ぎると、本来直視すべき歴史から無自覚に目を背けることにつながりかねない。ゆえに以下では、政策提言の類から一度距離を置き、歴史的に立ち返る。それはまた、各々の考え方や立場の違いを超え、現実的にＰＫＯ政策を検討していく知的基盤の導出に通じよう。

第一章
冷戦期
——外務省の牽引

外務省にて、中山太郎外相(左端)から辞令を交付される制憲議会選挙監視のナミビア派遣チーム(1989年10月18日、ⓒ共同通信)

本院は、自衛隊の創設に際し、現行憲法の条章と、わが国民の熾烈《しれつ》なる平和愛好精神に照《てら》し、海外出動はこれを行わないことを、茲《ここ》に更《あらた》めて確認する。

右決議する。

（「第十九回国会参議院会議録第五十七号」『官報号外』一九五四年六月二日）

†レバノン派遣要請

一九五四年六月二日、防衛庁設置法、および自衛隊法が参議院で可決されたのち、「自衛隊の海外出動を為《な》さざることに関する決議」が場内に響き渡った。決議採択直後、「総理を呼べ」などの声が相次ぎ、しばし喧騒が続いた（同右）。独立回復間もなく、自衛隊をめぐる一つの運用方針が誕生した瞬間であった。

同決議と並び、今一つ重みを持つのが、戦後日本の「宿願《しゆくがん》」国連加盟国入りである。一九五六年一二月一八日にそれを叶えると、翌年九月には、岸信介《きしのぶすけ》内閣の下で『わが外交の近況』（現『外交青書』）第一号を発刊し、外交活動の三原則を掲げた。すなわち、「国際連合中心」、「自由主義諸国との協調」、「アジアの一員としての立場の堅持」である（外務省編『昭和三二年版わが外交の近況』）。日本の国連外交は、ようやく船出のときを迎えたのである。

だが、試練は突然訪れる。一九五八年五月、レバノン内戦が勃発し、ほどなく国連レバノン監視団（UNOGIL：United Nations Observation Group in Lebanon）が現地に設置された。ダグ・ハマーショルド（Dag Hammarskjöld）国連事務総長が、UNOGIL増員を図るべく、自衛隊士官一〇名の派遣を日本に要請したからである（在ニューヨーク国際連合日本政府代表部特命全権大使松平康東発外務大臣藤山愛一郎宛電信第一〇一六号）。

初のPKO派遣要請に接し、日本政府はいかに応じたのか。岸内閣最大の外交案件といえば、日米安保改定交渉に他ならない。藤山愛一郎《ふじやまあいいちろう》外相は、UNOGILへの自衛官の派遣が国内の世論を刺激し、交渉プロセスに影響を及ぼす事態を危惧していた（村上友章「岸内閣と国連外交」）。藤山からすれば、防衛庁設置法、自衛隊法上も、この種のPKO参加は認められない。たとえ自衛官を外務省職員に「併任」させても、「余りにも窮余《きゅうよ》の便法《べんぽう》たる印象を与え」、物議を醸す恐れも拭い去れなかった。ゆえに藤山は、自衛隊の代わりに、「Civilian」（文民）の派遣を考えたのである（藤山大臣発国連松平大使宛電信第一一三〇三号「国連監視団増強の件」）。

この案をハマーショルドに照会したのが、松平康東《まつだいらこうとう》国際連合日本政府代表部特命全権大使であった。その松平に向かって、ハマーショルドは「リグレット（遺憾《いかん》だ）！」と強い不満を露《あら》わにしたという（読売新聞社編集局編『二〇世紀のドラマ』）。

松平は、帰国後の一九六一年二月二一日に外務省で開催された「外交問題懇談会」の席で、レバノン問題を振り返りながら持論を展開した。

> 現に日本が派兵していないことは国連協力のあり方としても反省せねばならない。一九五八年のレバノン問題にさいし、わが国が国連監査《ママ》団への派兵を求められた時も、政府はこれをことわることになり、私としては窮地に立った。こんご《ママ》はせめてオブザーバーを派遣できるようにしたい。
>
> （『朝日新聞』一九六一年二月二二日）

松平の発言は、ハマーショルドの下で検討が重ねられていた国連コンゴ活動（ONUC：United Nations Operation in the Congo）の動向に鑑《かんが》みたものだった。コンゴ問題に限られるとはいえ、日本がONUCに派遣していない以上、国連で発言権の制約を受けるというのである。そして最後に、「派兵は本来、国連協力の根本をなすべきものだ」と締め括った（同右）。

政権批判ともとられかねない、現役国連大使による異例の発言は、たちどころに波紋を呼んだ。新聞紙上、国会審議などで繰り返し取沙汰され、小坂善太郎《こさかぜんたろう》外相は、松平に戒告を与えている（「第三十八回国会衆議院会議録第九号」『官報号外』一九六一年二月二三日）。処分を受けた松平は、「さきの発言は全部撤回する」と二三日の記者会見で述べざるを得なかった（『朝日新聞』一九六一年二月二三日夕刊）。

だが、松平の発言に最も怒り心頭に発していたのは池田《いけだ》勇人《はやと》首相だろう。翌日の参議院本会議において、池田は「まことに遺憾」と評しただけでなく、「これは彼の個人的意見であり、また、多年国連におりました関係上、非常に狭い、エゴイスチックな考え方であったと思います」とまで言い放っている（「第三十八回国会参議院会議録第九号」『官報号外』一九六一年二月二四日）。「寛容と忍耐」を掲げた池田らしからぬ部分がここに垣間見える。

それから三カ月後、松平は更迭《こうてつ》、在インド日本国特命全権大使に転任する（読売新聞社『二〇世紀のドラマ』）。一外交官の人事異動によって、事態は収束へと向かっていった。初のPKO派遣要請は、こうして結実しなかったのである。

†国連協力法案

UNOGIL派遣要請を断った後、PKOをめぐる外務省の検討作業は、新たな展開を迎えていく。なかでも、国際連合局政治課（国連政治課）が重視していたのが、新法作成構想である。第一次案は「国連協力特例法」（仮称）と称し、国連の要請に基づいて、「軍事（警察、その他の）要員」を提供するというものだった（国政「国連協力特例法（仮称）第一次案」、

国連局政治課「国連協力法案関係文書」)。

かかる基本線に沿って、国連政治課は、一九六六年一月二九日付で骨子をまとめている。骨子では、自衛隊のPKO参加に際し、国会承認を求めるかどうかなどは依然として詰め切れていない。けれども、付則で自衛隊法について触れ、「その任務についての規定中に、自衛隊が別に法律に定めるところに従い、国連の紛争の平和的解決のための活動に参加することができる旨を追加する等の改正を行う」と一次案よりも踏み込んだ加筆が施されている(国政「国際協力法案骨子」、同右)。

国連政治課の手になる法案作成は、その後も引き続き進められていった。国連政治課は、パレスチナ、カシミールの停戦監視、キプロス、コンゴの国連軍が、当事国の事前了解を得て派遣されたと解する。これらの目的は、「平和維持機構としての国連の権威」に立脚した問題解決の支援に他ならない。したがって、自衛隊も含め国連の活動に参加したとしても、「憲法上の問題は起らないと判断されるのでそのような道をひらくこととする」とした。そして、今次通常国会に国連協力法案を提出する方針を固めたのである(国政「国連協力法案について」、同右)。

ところが、通常国会提出を待たずして、法案関連の記事が『東京新聞』に掲載されてしまう。一九六六年二月二三日付同紙によれば、外務省がまとめたとされる「国連協力法案要綱」には、三つポイントがある。第一に、国連憲章第七章第四一条（非軍事的強制措置）に基づく経済制裁、外交関係断絶などを国連が決定した際、関係国内法に優先して積極的に協力する。第二に、憲章第七章第四二条（軍事的強制措置）に基づき、国連が部隊による措置を決定した場合、自衛隊を含む人員、施設などを提供する。そして第三に、上記二つを実施するため、自衛隊法、外国為替および外国貿易管理法など国内法の改正である（『東京新聞』一九六六年二月二三日夕刊）。

学界の通説では、一月二九日付「骨子」と「要綱」は異なる。阪口規純《さかぐちきよし》（東京国際大学）によれば、前者が想定するのはPKO及び経済制裁、後者のそれは憲章第四二条に由来する武力行使を目的とする（阪口規純「佐藤政権期の国連協力法案の検討」）。また、村上友章《むらかみともあき》（大阪大学）は、「骨子」の対象は憲章第六章（紛争の平和的解決）に依拠した措置であり、「要綱」は憲章第七章に由来した措置だという（村上友章「吉田路線とPKO参加問題」）。

しかし六六年当時は、「骨子」と「要綱」の明確な線引きがなされないまま、審議に突入してしまった。穂積七郎《ほづみしちろう》議員（日本社会党）に「要綱」の提出を求められた椎名《しいな》悦三郎《えつさぶろう》外相は、「研究」の存在までは認める半面、「要綱」の作成も、提出の意思も明確に否定した（「第五十一回国会衆議院予算委員会議録第二十一号」一九六六年三月四日）。結局、「要綱」の存在を裏付ける決定的証拠が発見されずに、現在に至っている。

国連協力法案の検討は、その後も外務省で粛々と続けられている。たとえば、小木曽本《おぎそもと》雄《お》国連局参事官は、国連安保理への発言権強化を念頭に置き、国連協力の積極化を目的に同法を検討するのなら、「政府としては何等《なんら》かの形で自衛隊を国連協力のために海外に派遣するという問題を取り上げざるを得ない」と考えていた。そして小木曽は、二つのアプローチを提示した。第一に、自衛隊そのものの海外派遣である。これは「従来のライン」に沿うものである。第二に、自衛隊から別離した「国連協力隊」の設置である。ただし、常設は「参謀部」のみに限られる。小木曽に言わせれば、経費の関係上、独立した常設部隊の設置は実現性がないからであった。かかる「国連協力隊」は、「特殊部隊」として位置づけが与えられる（小木曽参事官「国連協力法に関する問題点」）。

小木曽も指摘するが、「国連協力隊」設置案とて、自衛隊海外派遣との結び付きを完全に払拭しきれるものではない。「実質的には自衛隊と同じものを名前を変えて海外へ派兵するにすぎない」などとの批判も予想し得るところだろう。こうした非難向けに「若干のクッションにはなりうるもの」として、小木曽は「国連協力隊」を捉えていた。それはまた、一、二年後のポスト・ベトナム戦争の平和維持機構設置を睨んだ措置でもあった（同右）。ところが、小木曽の予想通りことは運ばなかった。ベトナム戦争は泥沼化、「国連協力隊」の中身も具体性に乏しいまま、日本は六〇年代を終えることになる。

†パレスチナ問題

レバノンで日本の消極姿勢に直面した国連だったが、日本へのアプローチを諦めたわけではなかった。一九七二年一〇月一七日、UNTSOの増強が浮上し、国連は、自衛隊から一尉、三佐クラスの士官（英語ができることが条件）五、六名を軍事監視要員として派遣可能かどうか中川融《なかがわとおる》国連大使を通じて非公式に打診した。その際、中川は、「本件について極めてデリケートな法的政治的問題がある」と認めつつも、国連での日本の地位の向上に「極めて効果的である」と指摘し、一案として自衛隊士官を外務事務官に併任する措置を本省に具申した（中川大使発外務大臣宛電信第二七三六号「わが方自衛隊士官のUNTSO派遣」、国政「自衛隊士官のUNTSO派遣問題」）。

中川からの報告は、一〇月二五日に開かれた法眼晋作《ほうげんしんさく》事務次官以下関係幹部間の協議に掛けられている。そのなかで法眼らは、武力行使を目的に含む自衛隊海外派遣は「違憲」、たとえそうでなくとも「自衛隊法に抵触する」と断じた。ただし、自衛官の外務事務官併任方式については、「一応法的には問題ない」と指摘する。けれども、野党からの反対、国内世論を慮《おもんぱか》った政府は、こうした形態の派遣を従来採用してこなかったと前置きした（国政「自衛隊UNTSO派遣問題」）。そして、次のように続ける。

自衛官の海外派遣問題は従来から国内的にデリケートであり、その状況は現在も解消していないので国連に対しては本件には応ぜられない（但し、civilian の派遣、その他自衛隊をインヴォルヴしない方法によつ《ママ》て協力を行うことならば検討する用意がある）旨を回答する。

（同右）

結局、中川が請訓した自衛官の外務事務官併任方式も採用されず、正式要請を得るまでには至らなかった。他方、同協議では、大胆にも国内の体制整備にも触れ、「自衛隊法三条の改正を含む抜本的対策の検討と国民世論の啓発」を要すると結ばれている（同右）。UNTSOは、PKO派遣の実現に不可避な条件を改めて浮き彫りにしたのである。

†私的研究会から私案作成へ

UNTSOへの対応に迫られていたころ、外務省内の検討作業にもう一つのアプローチが加わろうとしていた。その中心にいたのが、一九七二年七月に国連政治課長に就任した小和田《おわだ》恆《ひさし》である。省内でも国連や国際会議に接する機会の多かった小和田が考案したのが、私的研究会の主催だった。その案を影井《かげい》梅夫《うめお》国連局長に説明し、万が一の事態が起きた場合、局長は聞かなかったことにし、責任を小和田がとる形で了承を得ている（Ｃ・Ｏ・Ｅオーラル・政策研究プロジェクト『ＰＫＯプロジェクト・オーラルヒストリー　小和田恒氏（第一回）』）。

小和田自身の言によると、彼が国連政治課長を務めた一年半の間、研究会の開催はせいぜい四、五回に過ぎず、参加者は一〇名位だったという。そのなかには、高坂正尭《こうさかまさたか》（京都大学）、香西茂《こうざいしげる》（同上）、波多野里望《はたのりぼう》（学習院大学）らも名を連ねていた。外部から国際政治学者、国際法学者が研究会に集う半面、ジャーナリストの出席は慎重にも避けられている。研究会そのものが極秘扱いだったこともあり、情報漏洩による影響が危惧されたためであった。議論の内容が一度省外に出てしまったら、責任問題になりかねない（同右）。

私的研究会を運営する傍ら、小和田は、ペーパーを認《したた》めている。それに基づき、アメリカ出張時に、柳井俊二《やないしゅんじ》国連代表部一等書記官との検討を重ねていった（国正武重「湾岸戦争という転回点」）。作成時期からして、小和田が執筆したと推測される私案は、北欧諸国の国連待機軍のパターンに倣《なら》い、およそ一〇〇〇人規模の「国連協力隊」の創設を謳うものであった。「国連協力隊」の構成は、医療部隊、衛生・看護部隊、建設部隊、通信部隊であり、一義的には国連ＰＫＯ、副次的には国連を介した海外の緊急災害救助活動が任務として想定されていた。ただし、制度上も、また実質上も、「自衛隊から完全に別個の entity」、たとえば、総理府所属、ないしは内閣直属に位置づけられる（「国連協力隊の構想（私案）」）。

それでは、彼らの議論の中身とは、いったいどのようなものだったのか。

日本というのは、カネを出しても、ＰＫＯに全然人を出せず貢献ができない。国連という現場にいると理屈抜きで、ひしひしと感じるものがあり、歯がゆかった。何も武力行使ではない。平和憲法といっても、何もしない消極的平和主義は、太平洋戦争後すぐならいいが、国力がついたのであれば、積極的平和主義があってもいいんじゃないか、という議論をよくした。（国正「湾岸戦争という転回点」）

私的研究会も、私案に付随する議論も、あくまで外務省内にとどまるものだった。首相官邸、他の関係省庁を巻き込んだ本格的なＰＫＯ論議に発展するまで、さらなる年月を経ねばならなかった。

†「国連の平和維持機能強化に関する研究会」の発足

七〇年代とは対照的に、八〇年代には、次第に公の場でＰＫＯが扱われるようになる。一九八〇年一〇月二八日、稲葉《いなば》誠一《せいいち》衆議院議員（社会党）からの質問に対し、鈴木《すずき》善幸《ぜんこう》首相は政府答弁書を認めている。そのなかで、「「国連軍」の目的・任務が武力行使を伴うものであれば、自衛隊がこれに参加することは憲法上許されないと考えている」としつつも、「当該「国連軍」の目的・任務が武力行使を伴わないものであれば、自衛隊がこれに参加することは憲法上許されないわけではない」との解釈を提示した（「衆議院議員稲葉誠一君提出自衛隊の海外派兵・日米安保条約等の問題に関する質問に対する答弁書」内閣衆質九三第六号、一九八〇年一〇月二八日）。同答弁書は、UNTSOに際し、外務省内の協議で決定された解釈を引き継いだものだった（村上「吉田路線とPKO参加問題」）。いわば鈴木政権は、一省内の見解や判断にとどめず、政府の基本方針として採用したわけである。

また、鈴木政権退陣後の一九八二年一二月三日には、ニューヨークの国連本部で第三七回国連総会決議三七／六七が採択された。同決議は、PKOなどの役割強化の在り方について、第七項で「適当な場合には研究機関及び有識者の見解をも考慮に入れて」継続的に検討などが施されるよう加盟国に強く要請するものであった（「「事務総長年次報告」議題の下における国連の平和維持機能の強化に関する第三七回国連総会決議37／67（仮訳）」『昭和五八年版 わが外交の近況』）。

そこで外務省は、民間有識者への委嘱《いしょく》に踏み切っていく。のちに「国連の平和維持機能強化に関する研究会」と名づけられ、一九八三年五月一七日から八月二三日にかけて、計七回研究会が開催されている（国連局政治課「国連の平和維持機能強化に関する研究会（経緯及び日程）」）。研究委員は、次の七名で構成された。

一　緒方貞子《おがたさだこ》　上智大学（外国語学部）教授
二　香西茂　京都大学教授
三　小谷豪治郎《こたにひでじろう》　京都産業大学教授
四　斎藤鎮男《さいとうしずお》　フォーリンプレスセンター理事長
五　佐伯喜一《さえききいち》　野村総合研究所会長
六　波多野里望　学習院大学教授
七　山室英男《やまむろひでお》　日本放送協会解説委員長

（国連の平和維持機能強化に関する研究会「国連の平和維持機能強化に関する研究会の提言」）

現在では、有識者への委嘱そのものは何ら珍しくない。だが当時、ＰＫＯを研究対象とし、有識者全員が民間という陣容は画期であった。研究会は、政策提言の件で「我が国のとるべき役割」を掲げ、「これからはＰＫＯに対し、次のような段階を追つて《ママ》、積極的かつ広範囲に参加して行くべきである」と論じ、次の七項目を提示する（同右）。

（一）資金および資機材の用意および提供
（二）ＰＫＯの選挙監視活動への参加（例：ナミビア独立支援グループ〔ＵＮＴＡＧ〕の民生部門への参加）
（三）ＰＫＯの医療活動への参加
（四）ＰＫＯの通信・運輸活動への参加
（五）ＰＫＯの警察活動への参加
（六）ＰＫＯの兵站《へいたん》補給活動への参加
（七）ＰＫＯの監視・パトロール活動への参加
（同右）

研究会発足前のＰＫＯをめぐる議論は、あくまで自衛隊の海外派遣に焦点が置かれていた。それらとは一線を画し、研究会は、まず文民のＰＫＯ派遣に着手したのち、自衛隊のそれを模索する二段階方式を新たに提唱したのである。

アメリカ滞在中の佐伯を除く委員全員は、九月八日午後二時三〇分に大臣室の安倍晋太郎《あべしんたろう》外相を訪ね、提言を手交《しゅこう》した（「国連の平和維持機能強化研究会の結論たる提言の安倍外務大臣に対する提出」）。先の七項目については、山室が説明し、安倍と言葉を交わしている。

山室：〔中略〕最初の三項目については問題がないと思うが、四項目以降の提案、特に通信運輸に対する協力以降は自衛隊法との関連が出てくるが、ＮＨＫとしてはこれを何とか崩していければと考えている。国会の野党の出方は問題となろうが、この問題について日本もまじめに取りくんでいるということがにじみでるような形での放映をしてみたいので我々としても今まで以上に大臣に旗をふつ《ママ》ていただきたい。

大臣：是非この問題についてテレビ等で放映してほしい。国連という大義名分がある以上我国《ママ》としても提言の内容（ＰＫＯに関し、）について実現を努力すべきである。

他方、国連からも日本の協力が必要であるという声がでるべきであり、その点について事務総長がやることが望ましい。（同右）

すでに論じたように、ＵＮＴＳＯに伴い、外務省の次官級協議で「国民世論の啓発」が体制整備の一環として謳われていた。この点について、山室が知っていたかどうかは定かではない。けれども、山室の提案は、ＮＨＫの放映を通じ、この部分に応えようとするものだったのである。

ところが、「我が国のとるべき役割」七項目は曲者《くせもの》だった。九月一四日にプレス発表を行うと、「我が国のとるべき役割」に国内法上実施できない提案が含まれているが、安倍がハビエル・ペレス・デ・クエヤル（Javier Pérez de Cuéllar）国連事務総長に提言を手交するにあたり、何も説明しないのかという質問を受けた。それだけではない。何か発言するのなら、予《あらかじ》めその中身を教えて欲しいとの要望まで寄せられている。後者に対し、外務省側は、「断わる状況になく右受入れ」たのだった（国政長「国連の平和維持機能強化に関する研究会の提言」）。

プレス発表時に受けた質問は、重く受け止められていたのだろう。検討を続けた末に外務省は、次のような二つの趣旨を提言に文書の形で添付することとした。第一に、提言は有識者の見解で政府のそれではない。第二に、「我が国のとるべき役割」七項目に「国内法上の制約から出来ないものがあり、我が国政府が提言を提出することによって、右従来の立場が変更したと解されてはならない」である（同右）。プレス対策か、それとも単に面会時間の都合なのか、いずれにせよ安倍は口頭で説明しないのである。

「我が国のとるべき役割」は、国会審議にも波紋を広げた。たとえば、正木良明《まさきよしあき》（公明党）議員は、「これは幾ら民間の意見だとしても、政府がその中継ぎをして国連へそれを提言するということになれば、非常に大きな問題がある。むしろ、これはかえって、要するに自衛隊の海外派兵につながるという疑惑をわが国の国内に巻き起こすという問題点がある」と批判し、政府側を問い質《ただ》した。それに対し、中曽根《なかそね》康弘《やすひろ》首相は、「いま自衛隊法を改正して国連軍に協力する、自衛隊が協力するという道を開こうとする考えは持っておりません」と明確に否定してみせた（「第百回国会衆議院予算委員会議録第一号」一九八三年九月一九日）。

それから二日後の二一日、座長を務めていた斎藤は、「我が国のとるべき役割」は広範な議論のための問題提起に他ならず、国連事務局に提出する際は別扱いでも差し支えないと外務省に申し出た。また、国外に誤った印象を与えかねないと山田中正《やまだちゆうせい》国連局長が判断し、外務省は同部分の削除を決定したのであった（『朝日新聞』一九八三年九月二一日夕刊）。

†ペルシャ湾海上自衛隊掃海艇派遣問題

ところが、「我が国のとるべき役割」の範囲を外れる事態に日本は遭遇する。その契機となったのが、一九八〇年に勃発したイラン・イラク戦争に他ならない。一九八七年、アメリカ政府は、英仏などに加え、日本にも海上自衛隊の掃海艇をペルシャ湾に派遣するよう要請した。それに対し、中曽根自身は、海上保安庁の巡視船、ないし海上自衛隊の掃海艇を派遣する形で応じようとしたのである（後藤田正晴『政と官』）。交戦地域、およびその周辺における自衛隊の活動は、あくまでPKOの存在を前提とする「我が国のとるべき役割」と大きくかけ離れていた。

中曽根から相談を受けた後藤田正晴《ごとうだまさはる》内閣官房長官は、「海上自衛隊あるいは海上保安庁の船の派遣は閣議決定で決めるんでしょうな。重大な政策の変更ですから、当然閣議決定すべきものと思う。しかし、そのとき私は閣僚としてサインしませんよ」と念を押し、中曽根政権下での自衛隊ペルシャ湾派遣は、あえなく頓挫する（後藤田正晴『内閣官房長官』）。

この間、後藤田は、自らの考え方を披歴《ひれき》しながら中曽根に異を唱え続けていた。

ペルシャ湾は既に交戦海域になっている。軍事紛争に巻き込まれる恐れのある行動は絶対にとってはいかん。巡視船といえど武装船だ。正当防衛でたとえば発砲しなければならない事態が起きたとする。日本が正当防衛を主張しても相手は交戦行為と見る。それが国際常識ではないか。そうなると、これは日本の従来からの平和国家としての国是《こくぜ》そのものと正面衝突することになる。我が国の船舶の安全航行のためであり、それは自衛権の範囲内だという解釈も認められん。ペルシャ湾まで自衛権を拡大することは出来ぬ。いかに安全航行という大義名分があろうと、とにかく武力行使につながる恐れのある対応はだめだ。非軍事の分野に限るべきだ（同右）

後藤田はまた、従来の中東政策の変更という視点でも切り込んだ。日本は、イラン、イラクいずれにも中立に対応し得る「たった一つの先進国」である。それゆえ、巡視船、あるいは自衛艦のペルシャ湾派遣によって、イランの対日敵視政策を招くとも指摘した（同右）。

ただ、後藤田からの反対意見のみで、中曽根が派遣を諦めたわけではない。中曽根自身に言わせれば、「官房長官だし、内務省の先輩でもある。後藤田さんがそこまで言うのならば、と従った」のである（中曽根康弘『中曽根康弘が語る戦後日本外交』）。

一〇月一日、派遣を諦めた中曽根は、村田良平《むらたりようへい》外務次官に対し、アメリカの不満を宥《なだ》める経済支援を検討するよう指示した。苦慮する村田にとって「神の助け」に映ったのが、キャスパー・W・ワインバーガー（Casper W. Weinberger）国防長官が栗原祐幸《くりはらゆうこう》防衛庁長官に示唆した高精度電波航行誘導システム「DECCA」（デッカ）のペルシャ湾内設置であった。これを受け、村田は五日に倉成正《くらなりただし》外相の了承を得、外務省としては七日に政府与党首脳会議に案を提出している（村田良平『村田良平回想録（下巻）』）。

その後実施に移されたのが、（一）日本の資金によるデッカ設置、（二）ヨルダン向け三億ドル、オマーン向け二億ドルの経済協力、（三）イラン・イラク問題向け国連事務総長経費一〇〇〇万ドル、(四)在日米軍駐留経費増額、であった。この四項目について、村田自ら「その場しのぎ」と評したように、将来の人的貢献をめぐる検討作業は、またもや途切れてしまったのである(同右)。

†「国際協力構想」

中曽根の後継として、内閣総理大臣の任に就いたのが竹下登《たけしたのぼる》であった。竹下といえば、消費税三%導入などによって、一般的に内政のイメージが強い。けれども、それは一面でしかない。実は外交政策についても、冷戦終結後への礎石《そせき》を築いている。

一九八七年一一月二七日、首相就任後初の所信表明演説のなかで、竹下は、「世界に貢献する日本」というスローガンを掲げた(「第一一一回国会における所信表明演説」、内閣総理大臣官房監修『竹下内閣総理大臣演説集』)。竹下はまた、翌八八年四月二二日、宇野宗佑《うのそうすけ》外相に対し、「世界に貢献する日本」の最終案作成を指示している。それを受けた宇野は、同日の記者会見において、「国際協力構想」として外務省でとりまとめる旨を発表したのである(栗山尚一「責任ある経済大国への途」)。

「国際協力構想」の原案作成にあたっては、外務省にタスク・フォースが設置され、同構想のとりまとめ作業が推し進められた(池田維『カンボジア和平への道』)。その後、村田が、竹下、宇野だけでなく、宮澤喜一《みやざわきいち》副首相兼大蔵大臣、小渕恵三《おぶちけいぞう》内閣官房長官、小沢一郎《おざわいちろう》内閣官房副長官に加え、吉野良彦《よしのよしひこ》大蔵次官、西垣昭《にしがきあきら》主計局長にも「国際協力構想」を説明し、了承を得ている（村田『村田良平回想録（下巻）』）。当時、外務省で欧亜局長を務めていた長谷川和年《はせがわかずとし》が「具体化策定作業には関わらず、知らなかった。アメリカ局長、アジア局長もみんな知らなかった」と述べているように（長谷川和年『首相秘書官が語る中曽根外交の舞台裏』）、「国際協力構想」の原案は、竹下政権内のごく限られた参加者たちの手によって練り上げられたものだった。

こうして作成された「国際協力構想」を竹下が公にしたのは、一九八八年五月四日に開催されたロンドン市長主催昼食会でのことである。竹下は、日本が世界の平和と繁栄に一層貢献するため、三つの柱を打ち出してみせた。すなわち、「平和のための協力」、「政府開発援助（ODA）の拡充」、「国際文化交流の強化」である（「ロンドン市長主催午餐会における竹下内閣総理大臣スピーチ「日欧新時代の開幕」」『昭和六三年版 外交青書』）。PKO参加が「平和のための協力」に該当することは、今さら言を俟《ま》たないだろう。竹下は、「平和のための協力」の箇所で、こう意欲を示している。

我が国は平和を国是としており、憲法上も、軍事面の協力を行いえないことはご承知のところであります。しかし、我が国が世界の平和について拱手傍観《きょうしゅぼうかん》すべきでないことは申すまでもありません。私は、我が国としては、政治的及び道義的見地から、なしうる限りの協力を行うべきであると考えており、紛争解決のための外交努力への積極的参加、要員の派遣、資金協力等を含む、新たな「平和のための協力」の構想を確立し、国際平和の維持強化への貢献を高めてまいります。

（同右）

つまり、竹下の考えるPKO参加の具体像とは、非軍事の要員派遣だったのである。けれども、ロンドンでのスピーチは、日本が貢献し得る政策分野が一体何かという問いに答えを与えるものではない。その部分に、より直接的に踏み込んだのが、およそ一カ月後の国連軍縮特別総会演説である。竹下が、PKOへの積極的な関与を唱えながら列挙したのが、選挙監視、輸送、通信、医療などであった（「第三回国連軍縮特別総会一般討論における演説」、内閣総理大臣官房『竹下内閣総理大臣演説集』）。

竹下の演説を受け、外務省は、現行法上認められるPKOへの文民派遣に的を絞り込んでいく。そこで想定されたのが、「国際機関等に派遣される一般職の国家公務員の処遇等に関する法律」（国家公務員派遣法）などに基づくPKO派遣であった。もっとも同時期には、国連アフガニスタン＝パキスタン仲介ミッション（UNGOMAP：United Nations Good

Offices Mission in Afghanistan and Pakistan）への外務省職員一名の派遣がすでに決定され、外務省は準備作業に取り掛かっているところであった。それゆえ、こうした文民派遣の拡大を本格的に検討し、その「調査対象国」の位置づけを与えられたのが、国連ナミビア独立支援グループ（UNTAG：United Nations Transition Assistance Group）だったのである（外務大臣発西独他大使宛電信合第一〇〇四八号「国際的平和維持活動への要員協力（調査訓令）」）。

†「国際平和維持活動人的協力作業グループ」の結成

外務省は、文民の派遣を検討する一方、PKO参加をめぐる体制整備にも着手していた。その一環として、人的貢献に係る課題を理論・実践両面から検討すべく、一九八八年五月三〇日に「国際平和維持活動人的協力作業グループ」を設置した。作業グループの事務局は、国連政策課に置かれ、望月敏夫《もちづきとしお》国連政策課長が事務局長を務める。併せて、関係課長がメンバーに加わるという構成であった。また、同グループの下に小部会が設置され、課、または局員一、二名を指名し、選出者を小部会に参加させることになっていた。なお、作業グループの存在そのものや、作業状況については、「不公表」とされた（国連政策課「国際平和維持活動への人的協力のための作業グループの設置について」）。

作業グループ設置後の国連政策課では、二つの「政策的オプション」が掲げられていた。

第一に、「現行法上可能な形の派遣――実績積上げの重要性」である（国政「国際的平和維持活動・人的協力作業グループ（第一回会合配布用）」）。先に述べたＵＮＧＯＭＡＰ、そしてこの直後に実現する国連イラン・イラク軍事監視団（ＵＮＩＩＭＯＧ：United Nations Iran-Iraq Military Observer Group）への外務省職員の派遣が、この部分に属する。いずれも、国家公務員法に基づく措置であり、「実績積上げ」の先行を意味した。

第二に、立法措置である（同右）。作業グループ設置以前から、国連局で参考にされてきたのが、「国際緊急援助隊の派遣に関する法律」（国際緊急援助隊法）であった（外務大臣発西独他大使宛電信合第一〇〇四八号）。言うまでもなく、国際緊急援助隊法で列記されている任務は、あくまで災害関連に限られる（「国際緊急援助隊の派遣に関する法律」）。したがって、紛争に伴い設置されるＰＫＯは、たとえ非軍事でも対象外となる。

そこで浮上したのが、「平和協力法」であった。同法骨子は、日本人要員の任務内容として、次の七項目を規定している。

一、国際的な合意の履行監視
二、国際的紛争に係る調査
三、国際的紛争の解決を目的とした調停等

四、国際機関等の支援の下に行われる選挙の監視
五、国際的な医療活動
六、国際的な民生安定活動
七、前六号に掲げる活動に係る通信・輸送活動

（「平和協力法骨子」）

要するに、国際緊急援助隊法で規定された関係行政機関の長が職員に実施させる活動を、非軍事のＰＫＯに書き換えることで、外務省は対応を試みたわけである。

ところが、立法措置をめぐる進捗状況の一端は、またしても新聞に掲載されてしまう。『朝日新聞』によると、外務省が重要視しているとされたのが、自衛隊のＯＢや青年海外協力隊員を登録し、同省が事務局機能を担う人材プール機関の設置構想だった（『朝日新聞』一九八八年五月二七日）。この機関は、民間企業も含むため、「特殊法人」ではなく、「法人」と呼ばれ、外務大臣がその職員、その他の人員を派遣するよう命ずることができるとされた（「平和協力法骨子」）。

なお、実施機関としては、外務省から業務委託を受けた「平和協力事業団」という外郭団体の設置も予定されていた。「平和協力事業団」は、国際協力事業団（ＪＩＣＡ：Japan International Cooperation Agency）の人材プールだけでなく、民間企業、病院、大学、非営利

団体など広範な組織を巻き込んだものであり、独自のリクルート、研修・訓練を実施する。くわえて、事業団専門家も育成し、現地の活動に直接派遣するだけではなく、外務省などを経由し、彼らを派遣する役割を担うものであった(「民間人の派遣(一般的なモデル)」)。

ただし、かかる立法措置をめぐっては、留意すべき点も残されていた。自衛隊海外派遣との関係である。自衛隊の位置づけを一旦は棚上げしながらも、「今回の立法は、この問題の推進のための布石ともとらえることができるよう将来の自衛隊(員)派遣を封ずることのないように留意する」とは、「国際平和維持活動人的協力作業グループ」の言である。検討作業に携わった彼らからすれば、「国会審議等の過程において、将来にわたり手をしばられることとならないようにプレス対策も含め対策を進めることが極めて重要」なのであった(事務局(国連政策課)「国際的平和維持活動に対する要員派遣」)。八〇年代初頭に「国連の平和維持機能強化に関する研究会」が提言した二段階方式は、別の任務内容を掲げる形で踏襲されている。

けれども、「立法措置の検討」は、当面の要員派遣が既存の法律で対処可能と判断され、別途検討を継続するとされた(「ナミビアにおける平和協力のための要員派遣のための体制整備について」)。あれほどまで新規立法の骨格が検討されたにもかかわらず、なぜ事実上の見送りなのか。それは、「外務省の権限が、一たび立法作業に着手した結果各省との権限争議の俎上にのり、却《かえ》って我が方権限が切り崩されるおそれさえなしとしない」というセクショナリズムの観点からだけではない（作業グループ担当レベル「担当レベルの作業に関するとりあえずの報告」、国政「「国際的平和維持活動・人的協力作業グループ」第三回会合用資料」）。その後の国内政治も関連しよう。一九八九年一月の通常国会再開が遅れ、すでに日程上困難を伴いつつあった。当初から、政府は非軍事分野限定で進める意向を示していたが、紛争地域への要員派遣を制度として確立する取り組みに対し、社会党をはじめ、野党から将来の自衛隊海外派遣に繋がる危険性を警戒する声が出はじめていた。それゆえ自由民主党は、審議時間の十分な確保もままならず、今国会成立困難との見通しを外務省などに伝えたのであった（『朝日新聞』一九八九年一月一一日）。

かくして、外務省の立法措置は、野党の反対によっても、さらなる拘束を受けていたのである。

†「世界の平和に貢献する地方自治体」

立法措置が停滞していた一九八八年九月以降、国連からのＵＮＴＡＧへの派遣要請が日本に届けられている。九月五日、マラック・グールディング（Marrack Goulding）国連事務次長は、「ＵＮＴＡＧは通常のＰＫＯに比し文民部門が大きく、通常の如く国連職員を派

ナミビア
出典：外務省海外安全ホームページの図を修正。

遣するのみでは不十分であるので、日本からも文民派遣を検討願いたい。文民部門の主体は選挙監視及び警察監視〔中略〕である」と文民部門の構成に触れながら、栗山尚一《くりやまたかかず》外務審議官に要請した（「ナミビアにおける平和協力のための要員派遣のための体制整備について」）。

事務次長たっての要請もあり、外務省は関係省庁の説得を急いだ。九月二七日に開催された全国都道府県知事会議の席上、外相の宇野は、「国連平和維持軍をはじめ休戦監視団など平和に貢献する国連活動があるが、今後ナミビア紛争終結、カンボディア紛争の解決等、国連の活動も多岐に亘ることが予想され、我が国の要員派遣も政府のみでは賄い切れぬ事態が予想される。その場合には一般民間、地方自治体の協力を仰ぐこととなるので宜しく協力願いたい」と要請する（国連政策課「全国知事会会長（都知事）に対する協力要請（ナミビアに対する我が国の要員派遣）」）。ナミビアへの派遣を求められておきながら、早くも紛争後のカンボジアを見据えた発言を展開したのである。

宇野はまた、年明けの一月二五日に鈴木俊一《すずきしゆんいち》東京都知事（全国知事会会長）を訪ねている。この会談で、宇野は「世界の平和に貢献する地方自治体」（傍線削除引用者）というコンセプトを掲げ、一県一名の各県単位で総計三〇名前後の地方自治体からの協力を非公式に要請した。これに鈴木は、安全の問題に加え、処遇、身分保証、災害補償なども含めて「条件が整えば良いと思う」と賛意を示す。そして、宇野が「特別の危険はない（弾は飛んでこない）」との見通しを述べ、指摘を受けた条件の整備を約すと、鈴木もそれ以上追及せずに了承した（国連政策課「ナミビアへの要員派遣問題（宇野大臣の鈴木都知事への要請）」）。こうした見通しに沿い、派遣要員の選抜が進められ、最終的に日本の選挙監視団は三一名で編成されることになる（支援チーム団長大使青木盛久「ナミビア選挙監視団支援チーム報告」）。

なお、東京都の文書によれば、都は交通局の岩成政和《いわなりまさかず》を派遣職員に推薦した。ところが、岩成に選挙事務の経験がないため、都選挙管理委員会で研修ののち、参議院議員選挙の事務を担当させている。これらの実習は、自治省の要望に沿って施されたものだった（東京都知事鈴木俊一発東京都交通局長宛元総人職第一九三号「ナミビアへの派遣職員の東京都選挙管理委員会職員への併任について（依頼）」、ナミビア選挙監視団日本隊編『ナミビア選挙監視団日本隊の記録』）。PKO参加をめぐる政府と自治体の連携は、早くも顔を覗かせていたのである。

†「平和のための協力」の始動

宇野が鈴木に説明した後、竹下は国連本部へと向かった。二月一日、デ・クエヤルとの会談に臨んだ竹下は、「日本では地方選挙もいれると、四年間に六六三〇回も選挙があり、一日四回、どこかで選挙をやっている勘定。だから地方公務員には選挙のベテランがたくさんいるのです」といかにも選挙通らしい解説で意欲を示している（『朝日新聞』一九八九年二月三日）。昭和天皇崩御《ほうぎょ》、続く大喪《たいそう》の礼への対応に迫られるなか、竹下はユニークな言葉を用いて、ＵＮＴＡＧに対する選挙監視要員の派遣を実現にまで導こうとしていた。

ところが、ナミビア制憲議会選挙をめぐる現地情勢は、暗転へと向かう。独立手続き開始前日の三月三一日、ナミビア独立を求める南西アフリカ人民機構（ＳＷＡＰＯ：South-West African People's Organization）のゲリラ・グループが隣国アンゴラからナミビアへの越境を試み（S/20566）、南アフリカ指揮下で組織されたナミビア警官隊との間で銃撃戦を繰り広げた（国連政策課「最近のナミビア情勢」）。四月一日に限っても、ゲリラ三八名、警官二名が死亡している。さらに、南ア政府軍のヘリコプターが、ＳＷＡＰＯ支持の若者八名を射殺していた（『日本経済新聞』一九八九年四月三日）。鈴木に語られた宇野の見通しには、早くも狂いが生じていたわけである。

ナミビア情勢の悪化は、日本の主要紙も報じたが、さして注目を集めていない。同時期には、前年夏以来のリクルート事件が最高潮に達し、ナミビア問題が議論に入り込む余地は失われつつあった。竹下が四月二五日に辞意を表明すると、ＵＮＴＡＧへの人的貢献は、ますます外務省に託されるようになる。ほどなく、宇野の名前入りの正式依頼書が、鈴木全国知事会会長のもとに届けられたのであった（外務大臣宇野宗佑発全国知事会会長鈴木俊一宛第六五五号「ナミビアへの選挙監視要員の派遣について」）。

越境事件以降も、SWAPO副選挙部長で憲法草案を執筆したアントン・ルボウスキー（Anton Lubowski）が射殺されただけでなく、弁護士、編集者、UNTAG職員などへの脅迫事件も後を絶たなかった（National Democratic Institute for International Affairs, *Nation Building*）。状況こそ異なるが、政情不安定に陥っていたのはナミビアだけではない。日本では、六月に首相に就任したばかりの宇野に女性スキャンダルが持ち上がり、わずか二カ月余で退陣を余儀なくされている。安定的にPKOを議論し得るだけの政治環境は、当時の日本に備わっていなかったのである。

かくして十分議論が重ねられないまま、一九八九年一〇月に青木盛久《あおきもりひさ》団長以下三一名がナミビア入りを果たした。国連の軍事要員とは異なり、選挙監視要員は出身国単位ではなく、個人単位でチーム編成され、翌月一四日まで何事もなく制憲議会選挙の監視に従事している。日本人監視要員は、最激戦区として知られるウィントフック地区にも配属されていたが、青木は、「現地当局側、国連側のいずれからも、賞賛の声をきかないことはなかった」と振り返る（青木「ナミビア選挙監視団支援チーム報告」）。

従来までのUNGOMAP、UNIIMOGへの外務省職員限定の派遣に対し、UNTAGへの地方自治体職員のそれは、初の省庁横断型PKO派遣であった。自衛隊法改正、新規立法を待つまでもなく、冷戦終結間際に画期的先例を残していたのである。だが、新たな派遣方式の導入は、かねてからの自衛隊派遣持ち越しの裏返しでもあった。

第二章

冷戦後の混迷
――湾岸危機・戦争

衆院予算委員会。湾岸戦争で「日本外交」が問われている海部首相（中央）と中山外相（左）
（1991年2月14日、ⓒ毎日新聞）

ナミビアに派遣された選挙監視要員が無事帰国した一九八九年一一月、日本では海部政権が誕生していた。同年八月の自民党総裁選で勝利を収め、内閣総理大臣に指名されたばかりの海部《かいふ》俊樹《としき》は、早々に「国際協力構想」の継承・発展を謳っている（「第百十六回国会衆議院会議録第二号」『官報号外』一九八九年一〇月二日）。冷戦終結を跨ぎ、日本は再び「平和のための協力」を模索していく。

その一環として、一九九〇年三月一二、一三日、外務省は「平和のための協力」に関する担当官会議をニューヨークで開催する。同会議で彼らは、日本を「ＰＫＯへの後発参入国」と位置づけ（国際連合局「「平和のための協力」に関する担当官会議資料」）、「自衛官や警察官の派遣可能性についての検討の推進（但し、派遣形態等要検討）」と謳う提言ペーパーを作成した（「「平和のための協力」に関する担当官会議／提言ペーパー」）。海外での会議ではあるが、文民以外のＰＫＯ参加に改めて意欲を滲ませていたのである。

ところが、時代は完全に逆風だった。七月の参議院選挙で自民党は初の歴史的大敗を喫し、社会党をはじめ、野党が参院の過半数を占めた。「ねじれ国会」の到来である（北岡伸一『自民党』）。社会党の躍進によって、自衛隊のＰＫＯ参加に向けた国内環境整備は、むしろ困難さを増幅させていた。

かかる状況下で起こったのが、八月二日のイラクによるクウェート侵攻だった。翌日にも、ジョージ・H・W・ブッシュ（George H. W. Bush）米大統領は、海部との電話会談に臨んでいる。ブッシュに考えを問われた海部は、イラクの行為を「非常に遺憾（very regrettable）」と断じ、日本がアメリカをはじめ、西側諸国と同じ立場にあることを告げた。その例証として海部が挙げたのが、クウェートの資産凍結に日本が踏み切った点であった。意外にも、二二分間の電話会談のなかで、ブッシュは具体的な支援要請を出したわけではなかったのである（Memorandum of Telephone Conversation, Telcon with Toshiki Kaifu, Prime Minister of Japan on August 3, 1990）。

より詳《つまび》らかにブッシュが語ったのは、八月一四日の電話である。ブッシュは、経済面・軍事面での支援を求めた。前者は、最も犠牲を被《こうむ》ったトルコ、ヨルダン、エジプトへの経済支援であり、海部は決定済みと返答している。問題は後者だろう。ブッシュが例示してみせたのが、機雷掃海《きらいそうかい》、サウジアラビアへの装備の輸送船などであった。海部はさらなる検討を約しながらも、憲法上の制約、国会審議を理由に、軍事面への直接的な参加については考えられないと答えている（Memorandum of Telephone Conversation, Telcon with Toshiki Kaifu, Prime Minister of Japan on August 13, 1990. 折田正樹『外交証言録 湾岸戦争・普天間問題・イラク戦争』)。

海部は、経済支援を認めながらも、船舶の派遣を拒んだ。電話会談は、来《きた》るべき議論の基本形を炙り出すものだった。ほどなく議論は、運輸面での貢献へと収斂していく。この点、望ましい協力を一向に得られないアメリカは、次第に焦燥を深めるようになる。

†アメリカの不満

電話会談の内容は、マイケル・H・アマコスト(Michael H. Armacost)駐日大使と栗山尚一外務次官の協議に引き継がれた。とくに人的貢献について、アマコストは、具体例を複数列挙している。すなわち、(一)サウジアラビアへの医療ボランティア、兵員、物資輸送に伴う後方支援、(二)クウェート難民受け入れに対する協力、(三)ペルシャ湾への掃海艇派遣、ならびにエジプトからサウジアラビアへの輸送船派遣を通じた多国籍軍海軍部隊への参加、などである。アメリカ側が求めたのは、日本人が乗り、日の丸を掲げた日本船舶の派遣だった。そこに共同作戦参加の象徴としての意味合いを、アメリカ側は見出そうとしていた(Michael H. Armacost, *Friends or Rivals ?.* マイケル・H・アマコスト『友か敵か』)。

だが、栗山の反応は、海部とさして変わらない。経済支援以外の措置を示唆したものの、憲法上、海上自衛隊掃海艇の派遣を支持しなかった(*Ibid.* 同上)。大統領に続き、駐日大使も、日本政府の説得に手を焼いていた。

人的貢献をめぐる要求は、自民党内からも届けられた。その急先鋒が、小沢一郎幹事長である。八月二六日正午過ぎ、小沢は首相官邸入りし、「現行の憲法や自衛隊法のままでも自衛隊を中東に派遣できる、と私は思う」、「カネとモノしか出さない特殊な国にとどまるか、それとも憲法判断をしっかりするか。総理が決断すればすむことだ」と海部に迫ったのだった（佐々木芳隆『海を渡る自衛隊』）。

内外で接触が繰り返されるなか、丹波實《たんばみのる》外務省北米局審議官がワシントンを訪ねていた。八月二九日発表予定の中東貢献策について、アメリカ側に予め打診するためである。二七日から二八日にかけ、国務省、国防総省、ホワイトハウスの各関係者と会談を重ねた丹波は、渡辺幸治《わたなべこうじ》外務審議官（経済担当）に電話で促され、感触をＦＡＸで送信した。のちに「丹波メモ」と呼ばれる同報告が東京に届くのは、二九日早朝のことだった（丹波實『わが外交人生』）。

「ニューステーション」でも映出された「丹波メモ」は、彼の自著に収められている。メモによれば、当時、アメリカが最も重要な問題としたのが運輸だった。空輸は今後三週間で八〇往復足りず、うち日本に三五往復依頼できないかとしたが、日本からはチャーター便二機のみだった。海運に至っては、八週間で一〇往復という数字が出されていたが、対応しきれていない。そこで丹波は、それらを大量にチャーターしてはどうかと東京に意見具申したのである（同右）。

こうした協力内容について、アメリカの事務当局はどうみていたのか。八月二八日、デユセイ・アンダーソン（L. Desaix Anderson）首席国務次官補代理（東アジア・太平洋担当）は、ロバート・M・キミット（Robert M. Kimmitt）国務次官（政治担当）宛の報告で、日本からの提供状況を「がっかりした（We are disappointed）」と率直に記している（From Desaix Anderson, Acting to Mr. Kimmitt, Meeting with Japanese Deputy Foreign Minister Owada, 28 August 1990）。アメリカの不満は、臨界点に達しつつあった。

翌日、いよいよ正式発表の瞬間が訪れた。官邸記者会見室で海部の口から語られたのは、二本柱の「貢献策」だった。第一に、湾岸多国籍軍への輸送協力、物資協力、医療協力、資金協力であり、第二に、中東関係国を対象とする周辺国支援、難民援助である。民間航空機、船舶の借り上げこそ触れられているが、自衛隊の掃海活動などは発表内容に含まれていない（報道室「海部総理大臣（中東貢献策について）」）。

海部が発表した「貢献策」は、たちまちアメリカからの批判を浴びた。「ガールスカウトのクッキー位に過ぎない」（*The New York Times*, 30 August 1990）との評は、それを象徴していよう。直後、一〇億ドルの供出が海部から公にされるが、石原信雄《いしはらのぶお》内閣官房副長官によれば、外務省の算定では、当初二〇億ドルから三〇億ドルだったという（御厨貴他『首相官邸の決断』）。

けれども、橋本龍太郎《はしもとりゅうたろう》蔵相に外務省が伝えた数字は、栗山が提示したおよそ一〇億ドルと、村田良平駐米大使が提示した一二億五〇〇〇万ドルだった。額の違いに思い悩んだ橋本は、最終的に一〇億ドルを採用する。それは、任国を慮るきらいのある大使よりも、全体情報を管理するのは次官であるという独自の判断に拠るものであった（五百旗頭真他編『橋本龍太郎外交回顧録』）。

†資金協力の上積み

援助額決定当初、外務省は「今回の一〇億ドルの協力は、我が国として思い切った施策を講ずるとの観点から決定した金額であり、追加の資金協力を行うことは考えていない」（中東貢献策タスク・フォース「中東貢献策疑問疑答（対政府委員用）」）としていたにもかかわらず、多国籍軍への資金協力は、とどまる気配を見せなかった。

多国籍軍が湾岸地域に展開し、アメリカ政府が緊急財政支援要請に踏み切ると、ジェームズ・A・ベーカー（James A. Baker）国務長官と、ニコラス・F・ブレイディ（Nicholas F. Brady）財務長官がヨーロッパや日本を訪問した。彼らは、特使として各国政府の説得に奔走する。そのうち日本を訪ねたのは、ブレイディの方である。彼が橋本と会談をもったのは、一九九〇年九月七日のことだった（佐々木『海を渡る自衛隊』）。席上、ブレイディは、新たに多国籍軍支援に一〇億ドルの上乗せ、周辺国支援に二〇億ドルの拠出を求めたのである（『朝日新聞』一九九〇年九月九日）。

けれども、橋本からすれば、追加三〇億ドルは無理筋な話に違いなかった。すでに予備費は底を突き、拠出しようがない。それゆえ橋本は、ブレイディの要求に応えられず、留保せざるを得なかった（五百旗頭他『橋本龍太郎外交回顧録』）。

こうした大蔵省の姿勢を外務省は黙認しなかった。九月一三日午後、大蔵省に小粥正己《こがゆまさみ》事務次官を訪ねた栗山は、「周辺国支援の二〇億ドルと多国籍軍への追加一〇億ドルをワンセットで計三〇億ドル、明一四日中に決めてほしい」と要請した。対する小粥の返答は、「ワンセットというのなら、決定は先に延ばさざるを得ない」というものだった（国正武重『湾岸戦争という転回点』）。けれども、ここで出し渋れば、要求額が膨らむと判断した橋本は、財源難を理由に反対する省内を押し切り、三〇億ドル全額支出を決定する（『読売新聞』一九九〇年九月一五日、国正『湾岸戦争という転回点』）。国内分裂後の満額回答にもかかわらず、アメリカ政府や議会から寄せられた評価は、かの有名な「too little too late（少なすぎるし、遅すぎる）」であった（外岡秀俊他『日米同盟半世紀』）。

ただし、資金協力への反応は、批判一色ではなかった。ノーマン・H・シュワーツコフ(Norman H. Schwarzkopf)中東司令部総司令官はこう綴っている。

日本のおかげが無かったら、〈砂漠の楯〉は八月中に破産していたはずだ。西側の新聞が、日本政府はサウジアラビア防衛のため約束した十億ドルに追加することを渋っていると文句を並べ立てるうちに、リヤドの日本大使館は黙々と何千万ドルを、中東司令部の口座に振込んでくれたのだった。おかげで我々は、ワシントンがこの金に唾をつけてしまう前に、日々の運営費をこれでまかなうことができたのだ。

(H・ノーマン・シュワーツコフ『シュワーツコフ回想録』)

程度の差こそあれ、アメリカ本国と同様に、サウジアラビアでも、戦費拠出手続が遅々として進まなかった(同右)。その空白を補い、つなぎとしての役割を果たしたのが、批判の嵐にさらされた日本の資金協力だったのである。

多国籍軍が「砂漠の楯」から「砂漠の嵐」に転じた後も、アメリカからの資金協力要請は繰り返された。折しも、一九九一年一月二〇、二一日には、先進七カ国蔵相・中央銀行総裁会議(G7:Group of Seven)がニューヨークで開催されていた。出国時、情報漏洩を警戒した橋本は、小粥にのみ「アメリカが数字を出してきたら、値切らないぞ。弾が飛んだら、値切らないということだけ言おう」と覚悟を語り、G7の傍らブレイディとの日米蔵相会談に臨んだ。案の定、ブレイディが説明しようとしたとき、橋本自ら「聞かなくていいよ。平時だったら絶対に値切る。だけど弾が飛び出したら、それはない」と話を遮っている（五百旗頭他『橋本龍太郎外交回顧録』）。そして、橋本は石原に請訓《せいくん》したのち、およそ九〇億ドルの打診を了とした（石原信雄『官邸二六六八日』）。

帰国後の橋本から報告を聞いた海部は、一月二四日午前、満額回答をブッシュに電話で伝えた。ブッシュはそれを聞き、感謝の意を表している（佐々木『海を渡る自衛隊』）。かくして、財政支援の総額は、一三〇億ドルに達した。

†非軍事派遣構想

資金協力の規模をめぐり、事態が二転三転する傍ら、内閣官房では人的貢献に係わる作業も同時に進められていた。法律の起案である。石原をその調整役に据え、法案の作成を託されたのが、外務省であった（折田『外交証言録　湾岸戦争・普天間問題・イラク戦争』）。

イラク軍のクウェート侵攻以来、外務本省では、中近東アフリカ局が過去三カ月間の事件の経緯を分析する一方（外務省中近東アフリカ局「イラクがクウェイト侵攻に至る経緯」）、欧米諸国の在外公館から海外派遣法制関連文書が届きはじめていた。その例として、「PKO先進国」の一角を占めるカナダが挙げられよう。北村汎《きたむらひろし》在カナダ特命全権大使は、中山太郎《なかやまたろう》外相宛に次の公電を認めている。

軍人派遣については小人数《ママ》の派遣であれば外相及び国防相の裁量内で派遣可能、一部隊以上の派遣については閣議決定により政令が出されれば可能であることが国防法に規定されている

（北村大使発外務大臣宛電信第一六五九号「イラク軍のクウエイト侵攻（国連協力法／回訓）」）

部隊派遣の仕組みに着目し、法的根拠に線を引いているところに、自衛隊を派遣する根拠法への関心が如実に現れている。

だが、湾岸多国籍軍への人的貢献は、冷戦時代から外務省が想定してきた武力行使を目的としないPKO参加とは、著しい乖離《かいり》があった。竹下政権下で「国際協力構想」が提唱され、ナミビアへの地方自治体職員の派遣が実現して以来、外務省はカンボジア和平後の人的貢献を見据え、法案の具体的な検討作業に入っていた（C・O・E・オーラル・政策研究プロジェクト『谷野作太郎オーラルヒストリー』）。たしかに、湾岸多国籍軍への参加は、人的貢

献の積極的な展開という意味で、「国際協力構想」の延長線上に連なるものである。けれども、その多国籍軍が武力行使を辞さない点で、明らかに同構想とは掛け離れていた。

この状況について、栗山は、のちに苦しい胸の内を明かしている。

過去の作業で多少なりとも蓄積されていた知識はほとんど役立たず、事実上ゼロからのスタートであった。しかも、法案審議のための臨時国会の召集を一〇月一二日(九〇年)に控え、与えられた時間は、実質的に一カ月もなかった。背水の陣とはまさにこのことかというのが、当時の私の実感であった。

(栗山尚一『日米同盟』)

急転直下、検討作業の軌道修正を迫られた外務省は、経験と時間の無さを克服すべく動きはじめる。その一環として、国際緊急援助隊法の適用も考えられたが、もとより多国籍軍への参加がその範疇《はんちゅう》を超えるのは明らかだった(国正『湾岸戦争という転回点』)。前章でも論じたように、紛争後のPKO参加でさえ対象外である以上、紛争中、かつ武力行使の蓋然性がより高い多国籍軍参加など望むべくもない。

それに、法案の策定に際し、誰を派遣するのかも定まっていなかった。「自衛隊は使いたくない、人的貢献の国際協力はあくまでもシビリアンだけの組織で」と周囲に語っていたように（石原『官邸二六六八日』）、かねてより海部のイメージは、青年海外協力隊、ないし地方の消防隊である（海部俊樹『政治とカネ』）。従来までの文民のみならず、自衛隊も視野に入れた検討作業は、そもそも海部の許容範囲を超えていた。ほどなく、法案策定作業は難航を極めることになる。

†新法タスク・フォース

新たな検討作業を託された外務省は、栗山ただ一人が把握していたと言われるほど、数多くのタスク・フォースを設置する（神余隆博『新国連論』）。そのうち、法案策定を担うため、外務省国連局に設置されたのが、新法タスク・フォースだった。河村武和《かわむらたけかず》国連局審議官を筆頭に総勢一五名余りが集められ、法案検討スケジュールの調整に入っていた（手嶋龍一『一九九一年　日本の敗北』）。タスク・フォースとしては、「九月二八日までの総理外遊までに骨子を、一〇月中旬の臨時国会までに法案を、それぞれとりまとめ」（新法タスク・フォース「国連平和協力法（仮称）」）、そのために外務省案の骨子を九月二〇日頃に固めたうえで、一〇月中旬から下旬に閣議決定を行う予定であった（新法タスク・フォース「国連平和協力法（仮称）」）。

タスク・フォース設置時点で、栗山自身は、非軍事分野限定で国際貢献を進めるべきと考えていた。したがって、日本人要員をＰＫＯに派遣する場合でも、基本的には文民に限定し、あくまで自衛隊の国際協力は排していた（朝日新聞「湾岸危機」取材班『湾岸戦争と日本』）。この点、栗山と海部の見解は一致していたわけである。

栗山は、二つの理由から別個の組織に拘《こだわ》った。第一に、武力行使も辞さない多国籍軍を支援するため、自衛隊の直接派遣方式を採用することは、世論の支持が十分得られない。そもそも、自衛隊法の改正が国会を通過する見込みも乏しかった（栗山『日米同盟』）。なにしろ参院は、与野党逆転である。

第二に、日本政府の目的がどうあれ、自衛隊の国際協力に対しては、国内のみならず、日本の軍事化を危惧する近隣諸国からも強い批判が沸き起こると考えられた（同右）。

それゆえ、栗山としては、新たに「国連平和協力隊」という組織を設置する方向で意見統一を行い、その根拠法たる国連平和協力法案の臨時国会提出について、事務レベルの調整を防衛庁と進めた後、政府・与党の決定を得ようとしたのである（同右）。

こうした栗山の考え方の延長上で、新法タスク・フォースも検討に着手する。だが、完全に自衛隊を除外した新組織を作れば、費用が膨大になるどころか、教育、組織訓練に長い年月を要する（「国際連合平和協力法案に関する総理答弁案」）。これでは、湾岸での対応に間に合わない。

それに、自衛隊の除外は、外務省内に亀裂を走らせた。反対に回った一人が、条約局長に就任したばかりの柳井俊二その人である。もともと、法案作成の中心には、国連局だけでなく、条約局も位置づけられていた。八月二九日にサンフランシスコから帰国し、海部の記者会見を目の当たりにした柳井は翌日、「総理が仰った法律は誰が担当するのですか」と栗山に尋ねている。すると、「あなたです」と返答されたという（柳井俊二「法案から実施まで担ったPKOの生みの親」）。皮肉にも、自衛隊の除外をめぐり、栗山に反論を突き付けたのが柳井だった。

それは無理です。後方支援といえども危険はあるわけで、訓練も受けてない人をそんなところに出すことはできないし、そんな組織をいまからつくることもできっこない。また、シビリアンを派遣した場合、国際的にそれがどういうステータスになるのですか。青年海外協力隊に毛の生えたようなものを派遣していいのかという問題もある

（五百旗頭真他編『外交激変』）

柳井によれば、海部のところには、小沢、加藤六月《かとうむつき》政務調査会長、西岡武夫《にしおかたけお》総務会長が訪れ、自衛隊の派遣を迫り、海部は不承不承《ふしょうぶしょう》認めている。その後も栗山は「シビリアン

だ」と自説を曲げなかったが、海部は「もう第一幕は終わったんだよ」と宥めた（同右）。

結局、栗山は、自衛隊を条件付きで活用する方向に転じていく。自衛官の身分で別組織に加えるのではなく、一時的な身分変更、すなわち総理府事務官とすることによって、自衛官を組み込もうとしたのである。栗山案には反対論が寄せられたが、栗山はそれを押し切り、自らの方針で省の最終方針をとりまとめ、九月一四日に官邸での協議に出席した。そして彼は、「選択肢は三つです。新組織は、自衛隊を除外して全く新たなものにするか。自衛隊法を改正して自衛隊そのものを参加させるか。それとも、自衛隊を別の形に衣替《ころもが》えして活用するか、であろうと思われます」と主張し、三番目の選択肢を採用するよう求めたのであった（手嶋『一九九一年 日本の敗北』）。かねてから自衛官の派遣を忌避した海部自身も、「自衛隊の経験者を一応、自衛隊を辞めてもらって、総理府事務官として、これを組織して送り込むという方法を研究してくれ」と指示していたから（御厨他『首相官邸の決断』）、海部と栗山は再び足並みを揃《そろ》えたのである。

だが、二人が捻り出した身分変更案に対しても、否定的見解が後を絶たなかった。自民党では、党三役だけでなく、派閥領袖《はばつりようしゆう》の渡辺美智雄《わたなべみちお》、山崎拓《やまさきたく》国防部会長らも身分変更構想に異議を唱えていた（北岡伸一「湾岸戦争と日本の外交」）。なかでも、小沢は、意見調整を担う石原に「自衛隊として協力」に配慮するよう求めていた（朝日新聞『湾岸戦争と日本』）。

くわえて、依田智治《よだともはる》事務次官をはじめ、防衛庁も、総理府事務官への転換に反対し、譲歩しなかった（御厨他『首相官邸の決断』）。

それでは、石原の出した答えはどうか。彼は、これらの意見を考慮したうえで、次のような一枚のメモを記している。

（一）協力隊の中核は自衛隊。日頃から部隊を指定し、訓練を重ね、組織として参加してほしい。
（二）自衛隊は協力隊の旗のもと、協力隊の制服を着て、給与も隊から支払う。
（三）身分は一般職の国家公務員に切り替えるか、併任・兼務方式をとるか、いずれでもよい。
（四）国際常識上、護身用として認められる最小限の武器の携行は認める。
（五）自衛隊法は改正しない。

（手嶋『一九九一年　日本の敗北』）

最初の三項目からは、海部と外務省、小沢と防衛庁のいずれの案にも、石原が肯定的に解釈していたことが窺える。だからこそ、後者の「部隊としての行動」に一定の許容を示しながらも、前者の「別組織論」をも排せずに、身分を「併任・兼務」するという折衷案《せっちゅう》を彼は重視したわけである。新法タスク・フォースと栗山らの主張は、法案に部分的に反映されたとはいえ、官邸が最終判断を下した以上、それに抵抗する術はない。

かくして、外務省は、自衛官の「部隊としての行動」に配慮しながら、別組織に位置づけるよう法案の修正を迫られたのである。

†「兼職」と「内閣総理大臣の統制」

法案作成が進められていた九月二〇日、栗山はただ一度だけ、小沢の説得を試みている（朝日新聞『湾岸戦争と日本』）。自民党本部の幹事長室を訪ねた栗山であったが、小沢にすげなく一蹴される。

小沢　対米関係を書いていないじゃないか。それが抜けていてはだめだ。あんたは、もともと対米重視派だろう。アジアに宗旨変えしたのかね。
栗山　米国のことはわかっていますが、アジアのことは皆さん、あまりわかっておられないようだから。
小沢　決めるのは政治家だ。外務省はごちゃごちゃいわなくてもいい。

（同右、人名敬称略引用者）

たしかに、栗山の懸念も一理あった。中国、韓国はもとより、フィリピン、インドネシア、シンガポールなど東南アジア諸国も不安や不信を露《あら》わにしていた（中村ふじゑ他『アジアの新聞が報じた自衛隊の「海外派兵」』）。だが、小沢の意志は固い。もはや、法案の修正は不可避になっていた。

それでは、外務省で修正が施された国連平和協力法案の骨子は、いかなるものになったのか。骨子では、総理府に国連平和協力隊本部を置き、本部長を内閣総理大臣、副本部長を内閣官房長官、および外務大臣が務め、内閣総理大臣は「最高の指揮監督権を有する」と定められている。同本部内に置かれる事務局が、国連平和協力隊に係る全ての手続きを担う。この国連平和協力隊については、「国連が行う決議に関連して国際の平和及び安全の維持のためにとられる措置への協力を目的」とされていた（「国際連合平和協力法（案）（骨子）」）。

もう一つ重要な点は、国連平和協力隊が担う任務だろう。具体的な内容として、（一）軍事監視、（二）輸送、（三）整備、（四）通信、（五）医療、（六）特殊任務、（七）選挙監視・選挙管理、（八）行政監視、が掲げられた。ピストル、自動小銃など武器携行を伴う平和維持（歩兵部隊・装甲部隊）は、注意深く協力対象から除外されている（外務省「国連平和協力隊の主要協力分野」)。あくまで非軍事分野に限られるのであれば、一貫して懸案であり続けた自衛隊派遣への道も開かれるというわけである。

だが、指揮権・目的・任務が規定されても、依然として最大の問題が残されていた。自衛官の扱いである。当初、外務省は、自衛官の任務内容を検討した結果、別の文書で自衛官の関与を「困難である」と判断した(「国連平和協力隊に参加する自衛官の兼職についての外務省の考え方」)。それはなぜか。

第一に、国家公務員法上と自衛隊法上双方の「職務専念義務」である。特別職である自衛官が国連平和協力隊に参加する場合、「併任」、すなわち自衛隊法第六〇条に基づく「兼職」に該当する。ある官職に就いている限り、「職務専念義務」が存在するため(国家公務員法第一〇一条、自衛隊法第六〇条)、「兼職」が許されるのは、職務遂行に著しい支障が認められないケースのみに限られよう(「自衛官と平和協力隊との「併任」について」)。けれども、両官職の職務を全く矛盾なく、同時に十分な任務を果たすのは、事実上不可能と考えられていた(「国連平和協力隊に参加する自衛官の兼職についての外務省の考え方」)。

第二に、両官職の指揮命令が衝突した場合、どちらが優先するかである。仮に国連平和協力隊の指揮命令が優先しないなら、彼らは十全に任務を遂行し得ない。他方、自衛官の国際協力は、「防衛庁設置法の防衛庁の所掌事務・権限(同法第五条および第六条)の中で読み込むことはできず、自衛隊法の改正が必要と考える」とされた問題でもあった（同右）。けれども、すでに論じたように、自衛隊法の改正は、栗山も海部に求めなかった選択肢であったし、石原メモでも明確に否定されている。何より、国連平和協力法案の作成だけでも「背水の陣」（栗山『日米同盟』）と表されるほど、外務省は忙殺されていた。

この二点をめぐり、外務省は独自の論理を展開していく。まず、「職務専念義務」に関しては、「主たる任務」を自衛隊員、「従たる任務」を平和協力隊員とし、両官職の関係を区分する手法により、「兼職」という組織形態を成立させる。そして、自衛隊の任務として平和協力隊への参加・協力を法律に記し、自衛官の「職務専念義務」との抵触を回避しようとしたのである（「平和協力隊への自衛隊の関与について（基本的考え方のポイント）（案）」）。「兼職」の明記という措置により、懸案であり続けた自衛官の「部隊としての行動」を保ち、彼らの機能を失わずに国連平和協力隊に位置づけるわけである。

次に浮上するのが、指揮命令関係に他ならない。外務省が辿り着いた措置を、以下の文言に依拠して表せば、「内閣総理大臣の統制」となるだろう。

（一）本部長（内閣総理大臣）の要請（注：これ自体は指揮命令ではない）を受けて平和協力隊の任務に従事する部隊をその間本部長の「統制下に入れる。」（自衛隊法第八〇条参照)。

(二)かかる自衛隊の部隊が平和協力隊の任務に従事している間本部長は当該部隊の長を直接指揮することができる。

(三)平和協力隊の任務が終了次第本部長は統制を解除。

(「平和協力隊への自衛隊の関与について」)

自衛隊と国連平和協力隊のうち、いずれか一方の指揮権を優越させる構造ではなく、それらの上部に内閣総理大臣の権限を位置づけることで、「指揮命令の衝突」と自衛隊法の改正を同時に解消したのである。

だが、いくら「内閣総理大臣の統制」を謳っても、自衛官の「兼職」は、実のところ「半文民化」に過ぎない。栗山の言を借りるなら、まさしく「二つの帽子」(栗山尚一『戦後日本外交』)である。

しかも、「兼職」の場合の平和協力手当の拠出を大蔵省は認めていなかったし、通産省は本部員(副本部長)のポストを求めていた(新法タスク・フォース「各省コメントで局長まで上げて御検討いただく可能性のある事項」)。ようやく石原の決断に形を伴わせたものの、二つの解決策に待ち受けていたのは、省庁間のセクショナリズムだった。国連平和協力法案の成立は、早くも足許から揺らぎはじめていた。

†湾岸国会

外務省の工程表では、一九九〇年九月二七日までに法案の骨子を確定するよう定められている（新法タスク・フォース「国連平和協力法」）。それに従い、外務省は次の考え方を予定通りまとめ終え、それを海部が発表することとなった。

一．国連決議に関連した平和維持活動に協力するための体制の整備。
――「国連平和協力法」仮称
二．現憲法の枠組みの中で立法
――武力による威嚇《いかく》又は武力の行使を伴わない派遣とする。
三．国連平和協力隊（本部その他の組織）を、総理府に新設する。
四．広く官公民の各界各層から協力を求める。
――人的、物的
五．自衛隊についても平和協力隊に参加し、その指揮下に入る。
六．国連、関係国政府等に対する必要な物品の譲与、無償貸付け等。

（「国連平和協力法（仮称）の考え方」）

こうした考え方を反映した法案の骨格は一〇月一一日、自民党政務調査会の内閣、外交、国防三部会合同会議、政調審議会、総務会を何とか通過し（信田智人『冷戦後の日本外交』）、一六日の閣議決定後、臨時国会に提出されている（石原『官邸二六六八日』）。

ようやく提出まで漕ぎ着けた法案であったが、野党の集中砲火を浴びた。同日の衆議院代表質問において、土井《どい》たか子社会党委員長は、「政府が本日閣議決定した国際連合平和協力法案は、平和協力隊という美しい衣装を自衛隊に着せ、併任というこそくな手法で海外に派兵する内容」と酷評した（「第百十九回国会衆議院会議録第二号」『官報号外』一九九〇年一〇月一六日）。もっとも、外務委員会の理事や委員を務めた経験のある土井のところには（土井たか子『せいいっぱい』）、柳井ら外務省が頻繁に接触していた。だが、「もうどうしようもない」状況だったのである（五百旗頭他編『外交激変』）。続けて土井は、多国籍軍参加を国連協力と解するのか、攻撃を受けた場合、自衛隊は自衛権を発動して武力行使できるのかなどを海部に問い質した（「第百十九回国会衆議院会議録第二号」）。

これに対し海部は、当初「多国籍軍へ自衛隊を派遣することは考えておりません」と明白に述べたものの、肝心のところは「将来国連軍ができた場合の国連への協力のあり方について、研究をしてはおります」と曖昧に答弁し、野党の不興《ふきょう》を買った（同右）。のちに「出したらもちろん通す。通すために出すわけですし、気障《きざ》な言い方をすると、出したものが通らないときは信を問わなきゃならないですからね。解散になるのか総辞職するのか。それぐらい思い詰めた気持ちでやらないといけませんから」と回顧しているように（海部俊樹他「日本外交インタビューシリーズ（七）海部俊樹」）、純粋なシビリアンの派遣を意味しない法案に対し、海部が完全に意欲を失っていたわけではない。ただ、話の説得力となると、十分伴うものではなかった。

注目すべきは、公明党の反応である。同時期、民社党の大内啓伍《おおうちけいご》委員長は、自衛官の「併任」扱いを基本的に支持していたが（『朝日新聞』一九九〇年九月二二日）、民社党の議席をくわえても、公明党抜きでは参院で過半数に届かないからである。だが、頼みの綱の公明党から賛同は得られなかった。市川雄一《いちかわゆういち》書記長が、身分の「併任」などを含む最終案について「従来のわが国の平和原則をなし崩しに形骸化する重大な内容を含んでおり、到底賛成できるものではない」と一〇月一五日に発表した結果（「国連平和協力法案」の最終案に関する市川書記長談話」一九九〇年一〇月一五日、公明党政策審議会『政策と提言』）、公明党の反対は決定的なものとなる。

公明党との齟齬《そご》は、自衛隊の「併任」問題だけにとどまらない。ほどなく公明党は、時限立法化を求めるようになる（「国連平和協力についての見解」一九九〇年一〇月一五日、公明党政策審議会『政策と提言』）。けれども、公明党の要求は、外務省の考えと根本的に相容れないものだった。

国連平和協力法は、単に今回の湾岸危機に対応するためのものではなく、今後我が国が国連の平和維持活動に人的、物的側面で迅速、適切に対応するための体制を整備するもの。（「公明党の「国連平和協力についての見解」の問題点」）

外務省が修正に応じる様子はみられない。湾岸危機への対応はもちろん、「平和のための協力」の推進も重視する外務省にとって、時限立法案は呑めない要求だった。

野党の反対と同様、法案策定過程で致命的だったのは、海部内閣の求心力低下に他ならない。一九九〇年一一月の『朝日新聞』世論調査によれば、自衛隊の直接派遣方式に対し、派遣反対が七八％と大多数を占め、賛成はわずか一五％に過ぎない。そのうち、国連平和協力法案に対する反対が五八％だっただけでなく、当初の外務省案、すなわち文民限定の別組織に対してさえ、反対が五四％に上った。九〇年春以降、世論調査で五〇％以上の高水準を維持していた海部内閣の支持率も凋落《ちょうらく》の一途を辿り、同月の調査時には不支持率の五〇％よりもはるかに低い三三％に急落している（『朝日新聞』一九九〇年一一月六日）。誰を派遣するのかではなく、派遣そのものに世論は否定的だったのである。

こうした状況では、もはや国連平和協力法案の可決など望めない。法案提出からおよそ一カ月後の一一月八日、国連平和協力法案の審議未了・廃案がついに確認される（海部『政治とカネ』）。だが、事態はこれで収束に向かったわけではなかった。

†「三党合意」

廃案決定直後の八日深夜から九日早朝にかけ、小沢、市川、米沢隆《よねざわたかし》書記長（民社党）が国会に集まっていた。そこに、石原、山崎隆一郎《やまざきりゅういちろう》内閣官房内閣審議官、佐藤嘉恭《さとうよしやす》外務省大臣官房長が出席し、「国際平和協力に関する合意覚書」の起草・署名がなされている。「三党合意」の成立である（有馬龍夫『対欧米外交の追憶』下）。やや長文になるが、内容を繙いてみよう。

一、憲法の平和原則を堅持し、国連中心主義を貫くものとする。
一、今国会の審議の過程で各党が一致したことはわが国の国連に対する協力が資金や物資だけではなく人的な協力も必要であるということである。

一、そのため、自衛隊とは別個に、国連の平和維持活動に協力する組織をつくることとする。

一、この組織は、国連の平和維持活動に対する協力及び国連決議に関連して人道的な救援活動に対する協力を行なうものとする。

一、また、この組織は、国際緊急援助隊派遣法の定めるところにより災害救助活動に従事することができるものとする。

一、この合意した原則にもとづき立法作業に着手し早急に成案を得るように努力すること。

（「自民、公明、民社三党による「国際平和協力に関する合意覚書」」一九九〇年一一月八日、朝日新聞『湾岸戦争と日本』）

衆院で三〇〇回以上の答弁をこなした柳井は、法案の撤回に落胆し、自宅に戻っていた。ところが、急遽呼び出しに合い、この内容を見せられたという。いわく「三党合意」の成立は、「まったくの政治主導」であった（柳井「法案から実施まで担ったPKOの生みの親」）。

ただ、「三党合意」によって、一つの問題が再燃する。三番目の「自衛隊とは別個」という件がそれである。国連平和協力法案作成時以来の「別組織論」に対し、柳井は「この点だけはいただけない」と考えていた。「常時任務があるわけではない別組織を立ち上げ維持することは、能力的にも財政的にもどだい無理な話」である。「別組織論」の明記を、自民党の他二党への配慮と察した柳井は、公明党、民社党にかかる理由を説き、最終的に納得してもらったのであった（同右）。

かくて、自衛隊のPKO参加は、政治レベルでより盤石《ばんじゃく》なものとなった。「三党合意」後のアプローチをめぐっては、一一月九日朝の安全保障会議議員懇談会で、橋本が内閣主管を強く訴えていた。中山や内閣法制局も同様の立場であった。ただ、立法の目的がPKO参加である以上、どうしても外務省との連繫が欠かせない。それゆえ、まずは内閣外政審議室と外務省の共働で立法作業に着手したのである（有馬『対欧米外交の追憶』下）。とはいえ、ある事態を機に、作業は一時停滞を余儀なくされていく。湾岸戦争である。

†機雷除去の動機

一九九一年一月一七日、アメリカ主導の多国籍軍がイラク、クウェート占領地への空爆に踏み切り、戦端が開かれた。二四日からは地上戦に突入し、二九カ国およそ六八万人の部隊は、わずか数日でクウェート奪還に成功する（船尾章子「湾岸多国籍軍」、横田洋三編『国連による平和と安全の維持』第一巻）。

三月三日に暫定停戦が成立すると（S/22320）、クウェート政府は、アメリカの主要紙に感謝広告を寄せた。"Thanks America and the Global Family of Nations"と題する記事のなかには、クウェート国旗の下に一一の国旗がたなびき、三〇の国名がアルファベット順に記されていた。けれども、日本の国旗や国名は記載されていなかったのである（*Washington Post*, 11 March 1991）。

「いてもたってもいられなかった」海部は、在日クウェート大使を呼び出し、抗議しただけでなく、訂正まで促したという。最終的にクウェート政府は謝罪し、戦勝記念式典に日本は招待されている。のちにクウェート市郊外の多国籍軍大壁画には、日の丸が刻まれるに至った（海部『政治とカネ』）。とはいえ、一〇〇億ドルを超える資金協力に踏み切っていただけに、感謝広告から漏れたという事実が、日本に与えた衝撃は殊《こと》の外《ほか》大きかった。この出来事は、以後、「湾岸のトラウマ」として語り継がれていく。

不本意な対日評価を少しでも払拭《ふっしょく》すべく、在アメリカ日本大使館も動き出していた。三月一二日、大使の村田良平は、ペルシャ湾の最奥に眠る機雷を除去するため、海上自衛隊掃海艇派遣を求める公電を発出した。「日本の汚名を若干なりとも雪《そそ》ぐ」目的で、村田は意見具申したのである。ドイツを例に引き、派遣の法的根拠として村田が考えたのが、のちに触れる自衛隊法であった（村田『村田良平回想録』）。

奇《く》しくも、ペルシャ湾では、多国籍軍が敷設された機雷の処理に当たっていた。敷設数一〇〇〇個強のうち、二月末までに多国籍軍が処理した機雷は、およそ一二〇個にとどまった。イギリス、アメリカ、サウジアラビアの掃海艇が処理に当たっていたが、大半の機雷が遺棄されたままだった（「イラクによる機雷の敷設状況及び多国籍軍の掃海活動」）。

もっとも、湾岸諸国に原油の多くを頼っている日本も、こうした状況と無縁ではいられない。平時には一日平均二〇隻程度、イラクがクウェートに侵攻した九〇年八月以降も概《おおむ》ね一五隻程度の日本関係船舶が常時航行していた（外務省「ペルシャ湾内における日本関係船舶の航行状況」）。ペルシャ湾における安全航行の確保は、日本にとっても死活的な課題に違いなかった。

†海上自衛隊掃海艇派遣

イラクが四月六日に停戦決議を受諾すると（S/RES/687, S/22456）、政府への提言や陳情《ちんじょう》が殺到するようになる。その口火を切ったのが、平岩外四《ひらいわがいし》日本経済団体連合会（経団連）会長が発したコメントだろう。四月八日付文書によれば、「湾岸復興に対する貢献策の一環として機雷処理に協力をすることは、平和時において当然の行為であり、時宜《じぎ》に適《かな》ったものなのである（経済団体連合会「平和時におけるペルシャ湾への自衛隊掃海艇等派遣について」会長コメント」、中近東第一課「我が国掃海艇のペルシャ湾派遣（国会答弁用の平資料）」）。

その他にも、日本船主協会、全日本海員組合、石油連盟が、それぞれ同日付で安全航行への配慮を政府に求めていた（社団法人日本船主協会会長松成博茂発内閣総理大臣海部俊樹宛「ペルシャ湾における航路安全対策についてのお願い」、全日本海員組合組合長中西昭士郎発運輸大臣村岡兼造宛「ペルシャ湾における航路安全対策について要請」、石油連盟会長発通商産業大臣宛「ペルシャ湾における航路安全対策についてのお願い」、いずれも同右）。このうち、全日本海員組合に至っては、四月一〇日付で同様の要請を外相宛にも発出している（全日本海員組合組合長中西昭士郎発外務大臣中山太郎宛「ペルシャ湾における航路安全対策についての要請」、同右）。政府への要請は、わずか数日たらずで、重層的になされたものだった。

業界団体からの要請を受ける一方、政府は、湾岸諸国への働きかけに邁進《まいしん》する。クウェート、サウジアラビアなどに対し、掃海作業への同意・支援を要請しただけでなく、歓迎の意を表するよう依頼した。両国とも、とりあえずは歓迎したものの、サウジアラビア外務省からは、「日本は湾岸の安全航行から最大の利益を受けている国であり、今次申し入れは遅すぎるくらい」との苦言も寄せられていた（「我が国掃海艇のペルシャ湾への派遣」）。のちに掃海艇派遣は、高評価を得た活動として世に知られるようになる。だが、その道程では、厳しい指摘も挙がっていたのである。

さらに同時期、再び浮上したのが法的根拠であった。これまで論じたように、自衛隊法の改正も、新規立法も、「ねじれ国会」の下では実現性に乏しい。ただ、当時の自衛隊法第九九条に規定された機雷等の除去に依拠すれば、海上自衛隊の派遣にも道が開かれる。すなわち、「我が国関係船舶のペルシャ湾海域航行の安全にとって障害となっている遺棄されたと認められる機雷を処理するために行うもの」は、憲法の禁じる武力行使に該当しないというのである（「掃海艇の派遣」）。

ただ、掃海艇派遣に先立ち、法的根拠の存在だけが政府内で考慮に入れられたわけではない。外務省北米局がまとめた文書では、国民の理解にも注意が払われている。そこで持ち出されたのが、産経新聞本社とフジテレビが四月一九日から三日間実施した「掃海艇派遣に関する緊急世論調査」のデータであった。掃海艇派遣の是非をめぐり、「派遣は当然だ」が三三・九％、「派遣もやむをえない」が四四・〇％と、肯定が全体の八割近くに達した（北米局「ペルシャ湾への掃海艇の派遣（安全保障会議、臨時閣議）」。『産経新聞』一九九一年四月二三日）。海部がこの数字をどこまで意識したのかは定かではない。けれども、掃海艇派遣は、にわかに世論の後押しも獲得していたのである。

世論調査発表から一夜明け、海部は安全保障会議、および臨時閣議を開き、ペルシャ湾への海上自衛隊掃海艇派遣を決定する（「自衛隊掃海艇等のペルシャ湾への派遣に関する報告」、内閣総理大臣官房監修『海部内閣総理大臣演説集』)。海部によれば、官邸内では護衛艦派遣の声も上がったが、武力行使に抵触するとして認めなかったという(海部『政治とカネ』)。

世論の支持、海部の区別にもかかわらず、自衛隊法九九条の適用には異論が相次いだ。その一つが、活動の地理的範囲である。九九条で想定されているのは、あくまで日本の領海、その近海であるとの反対論が、野党のみならず、自民党内の後藤田からも提起されていた。前者に対し、大森政輔《おおもりまさすけ》内閣法制局第一部長は「具体的な事例に即して個別に判断すべきものであって、一般的にわが国領海及びその近海に限られるものではありません」との見解で応じたと振り返る。しかし後者からは、ペルシャ湾までは想定されないと電話越しの怒りを買っていた(牧原出編『法の番人として生きる』)。

反対意見が止まぬまま、四月二六日、「ペルシャ湾掃海派遣部隊」五一一名が、それぞれ横須賀、呉《くれ》、佐世保を後にした。途中、ドバイに寄港し、六月五日から機雷危険海域(MDA:Mine Danger Area)を中心に掃海作業に従事するようになる。部隊到着時、およそ一〇〇〇個の機雷が処分され、残り二〇〇程度と見積もられていた。海上自衛隊は、そのなかでも困難を伴う三四個を処分し、九月一一日、九九日間に及ぶ掃海作業を終えている(海上自衛隊五十年史編さん委員会編『海上自衛隊五十年史 本編』)。戦後初の自衛隊海外派遣は、陸上からではなく、まず洋上から成し遂げられたのであった。

第三章

「若葉マーク」の苦悩
——カンボジアPKO参加

カンボジア・タケオの宿営地で、地元の子どもと身ぶり手ぶりで話をする自衛隊員
（1992年10月9日、岡崎一仁撮影、©毎日新聞）

†新規立法の環境整備

湾岸戦争が収束しつつあった三月二七日、スイス政府が国軍のPKO参加四条件を発表した。神余《しんよ》隆博《たかひろ》外務省国連局政治課長がそれを有馬に報告し、紛争当事者間の停戦合意を加筆したのち、参加五原則として新法案に盛り込まれることになる（有馬『対欧米外交の追憶』下）。当時の文言をまとめたものは、次の通りである。


一．紛争当事者の間で停戦の合意が成立していること。

二．当該平和維持隊が活動する地域の属する国を含む紛争当事者が当該平和維持隊の活動及び当該平和維持隊への我が国の参加に同意していること。

三．当該平和維持隊が特定の紛争当事者に偏ることなく、中立的な立場を厳守すること。

四．上記の原則のいずれかが満たされない状況が生じた場合には、我が国から参加した部隊は撤収することができること。

五．武器の使用は、要員の生命等の防護のために必要な最小限のものに限られること。


（外務省編『平成四年版 外交青書』）

なお、五原則を核とする新法案をめぐっては、石原が工藤敦夫《くどうあつお》内閣法制局長官と対峙し、「理屈ばかり言ってこちらの意見を容れないのであれば辞職する」などと訴えたとされる（「三井康有オーラル・ヒストリー　元内閣官房内閣安全保障室長」、防衛省防衛研究所戦史研究センター編『オーラル・ヒストリー　冷戦期の防衛力整備と同盟政策④』）。結局、法制局も協力に転じ、成案としてまとめられたものが先の五原則だった（有馬『対欧米外交の追憶』下）。

ＰＫＯ参加条件の構築が進むなか、世論の支持も固まりつつあった。一九九一年六月九、一〇日、今度は『朝日新聞』が世論調査を実施している。自衛隊の海外派遣については、「派遣すべきでない」が二一％に対し、派遣容認は七四％を数えた。その内訳は、「災害救助など、非軍事的な支援に限る」四六％、「国連の平和維持軍への参加など、国連の指揮下での軍事的な役割を認める」二三％、「湾岸戦争での多国籍軍のような軍事行動にも参加する」五％であり、非軍事支援限定の声が大勢を占める結果となった。自衛隊のＰＫＯ参加に限っても、過半数の五〇％が賛成し、反対四〇％を上回っている（『朝日新聞』一九九一年六月一九日）。前章で論じたように、廃案の一因だった野党の影響力は、自衛隊海外派遣への世論の不支持と「ねじれ国会」を背景にしていた。だが、すでに「三党合意」が成立し、世論の動向が政府・与党の主張と概ね合致するようになり、野党の影響力は減退へと向かっていた。

五原則、世論の後押しを束ね、新法成立に漕ぎ着けるには、何よりも法案作成機関が求められよう。石原の指示もあって、一九九一年七月二五日、内閣外政審議室に「国際平和協力の法体制整備準備室」が設置された。それまでの外政審議室と外務省による共働体制は、前者主管へと切り換わったのである（有馬『対欧米外交の追憶』下）。

当時、外政審議室長を務めた有馬龍夫《ありまたつお》によれば、準備室長に野村一成《のむらいっせい》条約局審議官（外務省）、次長に西村六善《にしむらむつよし》情報調査局参事官（外務省）、三井康有《みついやすとも》長官官房防衛審議官（防衛庁）の二人を据え、準備室には外務省、防衛庁、運輸省、通産省、大蔵省などから総勢四〇名余りを集めた（同右）。国連平和協力法案作成時の新法タスク・フォースを規模で凌ぐ省庁横断型組織がついに誕生した。

ところが、次長の一人である三井には、池田行彦《いけだゆきひこ》防衛庁長官から次の指示が出されていたという。

PKOが出来たら、自衛隊は過酷な環境の下で苦労をいっぱいすることになる。他方外務省は、これを外交ツールとして外交の立場強化を図っている。苦労ばかりこちらに押しつけて、成果は全部自分が手中に収めるという構図だ。だから、防衛庁、自衛隊の要望は全て通して貰いたい。そうでなければPKOなんてできなくてもいい

（「三井康有オーラル・ヒストリー」）

三井の人柄、能力も加わり、「防衛庁をも完全に巻き込んで渾然《こんぜん》と仕事をするようになっていました」と有馬は振り返るが（有馬『対欧米外交の追憶』）、防衛庁の本音は明らかに異なる。実態は、同床異夢の関係に違いなかった。

国会対策——強行採決と継続審議入り

体制整備が進捗する一方、「三党合意」の維持は容易ならざるものがあった。それまで概ね合意していた民社党の大内啓伍書記長が、国会の事前承認を突然求めるようになったからである（大内啓伍『われ、事に後悔せず』）。

その背景に、大内をはじめ、民社党が、社会党や日本労働組合総連合会（連合）との選挙協力を要した点が挙げられよう。次の選挙を見据えた場合、大内らはいくつかの区で議席確保がままならず、社会党への配慮がどうしても欠かせない。いわば事前承認への拘りは、選挙戦略の一環である。それゆえ、最後まで民社党が妥協を許さず、自公は衆議院で強行採決に踏み切っていく（有馬『対欧米外交の追憶』下）。

ところが、参議院では、自公のみで過半数を制していなかった。「ねじれ国会」の下、二つの党は再び民社との調整に迫られていく。そこで、加藤紘一《かとうこういち》官房長官、近藤元次《こんどうもとじ》官房副長官、増岡博之《ますおかひろゆき》国会対策委員長ら宮澤派幹部で国会運営を試みるが、大内の説得に失敗する（御厨貴他編『聞き書　宮澤喜一回顧録』）。その結果、九一年の会期中に法案成立まで漕ぎ着けられないまま、継続審議入りしてしまった。

なお、参院での審議の間、社会党は宮澤喜一首相にある問題を突き付けている。社会党が着目したのが、一九五四年の「自衛隊の海外出動を為さざることに関する決議」だった。参院に付託された法案が同決議に違反し、直ちに撤回するよう宮澤に求めたのである。それに対して宮澤は、法案の任務が、九条で禁じる「武力による威嚇又は武力の行使」に該当してはならないという前提に立っており、「海外派兵」には当たらない。PKO活動などで自衛隊が「海外に出ますことについてまで想定をしておられるのではない」などと応じ、決議の趣旨を逸脱しないと反論した（「第百二十二回国会参議院会議録第五号」『官報号外』一九九一年一二月四日）。

つまり宮澤は、決議が禁じる幅を社会党よりも狭く捉え、PKO参加を例外扱いとしたわけである。それにより、野党側の反対論を往《い》なしながら、法案成立への道筋を付けようとしたといえよう。

†国際平和協力法の成立

ただ、法案未成立の代償は、小さくなかった。自民党内では宮澤批判が沸き、宮澤は窮地に陥った。この局面を打開すべく、金丸信《かねまるしん》副総裁と小沢は、国会対策委員長に梶山静六《かじやませいろく》を据えることになる（『日本経済新聞』一九九二年一月一七日夕刊）。海自掃海艇をペルシャ湾に派遣した際、国会対策委員長として野党との折衝、公明、民社からの了承取り付けで手腕を発揮したのが、梶山であった（五十嵐武士「宮澤喜一」、渡邉昭夫編『戦後日本の宰相たち』）。以後、梶山をはじめ、与謝野馨《よさのかおる》、田原隆《たわらたかし》両国会対策副委員長らが、有馬と内容確認を行いながら、民社、公明との詰めの作業を続けていった（御厨他『首相官邸の決断』）。最終的には、（一）平和維持軍（ＰＫＦ：Peacekeeping Forces）本体業務実施に伴う国会承認、（二）ＰＫＦ本体業務の凍結、（三）法律施行三年後の実施の見直し、が三党間で合意に至っている（梅澤昇平『野党の政策過程』。岩井文男「日本の国際平和協力制度」、神余隆博編『国際平和協力入門』）。

こうした自公民の結束について、「ＰＫＯ与党」と呼ぶ向きもある（柳井「法案から実施まで担ったＰＫＯの生みの親」）。同時にそれは、あくまでＰＫＯに限られるものの、「ねじれ国会」という軛《くびき》からの解放を意味した。

三党間で調整が図られ、自衛隊のＰＫＯ参加が現実味を増していく過程を、他国はどう受け止めていたのか。一九九二年四月、江沢民《こうたくみん》中国共産党総書記が訪日し、首脳会談後の記者会見で「自衛隊の海外派兵には反対です」などと表明した。当時、外務省アジア局長を務めた谷野《たにの》作太《さくた》郎《ろう》は「いまの発言は一体何だ！」と驚愕《きょうがく》し、同行した武《ぶ》大偉《だいい》日本課長に噛み付いた（谷野作太郎『外交証言録 アジア外交』）。

会見に先立ち、谷野ら日本側は中国側に内政の現状を伝達し、慎重な発言を要請していた（同右）。現実は期待を裏切ったわけである。そして、谷野は武からこう告げられたと証言する。

> 谷野さん、江沢民総書記が何って言ったか、よく聞いてください。「自衛隊の海外派兵」と言ったでしょう。自衛隊がカンボジアに行って橋を架けるとか、道路を修復するなんていうのは、我々は「海外派兵」と考えない。そういう範疇ではまったく考えていませんから
> （同右）

これを受け、谷野が「聞いていた人たちは、そこまで理解しないよ。困るね」とまくし立てると、武は「あれが限度なんです。我々は今度の自衛隊のカンボジア行きについて反

対してないです。今回のは派兵じゃない。練りに練った発言なのでご理解ください」と言い開いた（同右）。しばしばメディアが映し出す中国の反応は、自衛隊ＰＫＯ派遣への厳しい反対姿勢である。けれども、この揺籃期《ようらんき》にあって、「派兵」と「派遣」に線を引き、自衛隊の復興支援にさして異を唱えない知日派の言動は、巷間《こうかん》のイメージに収まり得るものではないだろう。

他方、最後の山場を迎えた国会審議では、野党の反対が最高潮に達していた。社会党は牛歩《ぎゅうほ》戦術を繰り広げただけでなく、全所属議員の辞表提出にまで踏み切り、最後まで抵抗してみせた。前者について「先祖返りしてしまったな」と驚き、後者には「国会のことだから耐えるしかない」と、宮澤は自らに言い聞かせていたという（宮沢喜一「私の履歴書」『日本経済新聞』二〇〇六年四月二六日）。そして、六月一五日の衆議院本会

PKO協力法成立。衆院本会議場を出る宮沢喜一首相（©毎日新聞社）

議で、国際平和協力法がついに成立した（「第百二十三回国会衆議院会議録第三十三号」『官報号外』一九九二年六月一五日）。

「どういう妥協をしても、法案そのものがつぶれるよりはいい」と考えていた宮澤にとって（五百旗頭真他編『宮澤喜一』）、法案成立は、まさしく「結構なこと」であった（御厨『聞き書 宮澤喜一回顧録』）。もともと、官邸、自民党ともに、ＰＫＦを法案に含めるよう望んでいた。けれども、官邸が公明党に配慮し、法案からＰＫＦの除外を指示したのである（御厨他『首相官邸の決断』）。宮澤からすれば、ＰＫＦを含む包括的な法律を断念してまでも、法的基盤の整備こそが先決だったのである。

†閣議決定へ

国際平和協力法案で宮澤が苦境に立たされていたころ、カンボジアに到着した国連専用機のタラップから一人の日本人が降り立った。明石康《あかしやすし》国連事務総長特別代表（SRSG: Special Representative of the Secretary-General）その人である（明石康『忍耐と希望』）。

一九九二年三月一五日、軍事部門司令官ジョン・サンダーソン（John Sanderson）豪陸軍中将らを引き連れ、明石はプノンペンの土を踏んだ（S/23870. Steven R. Ratner, *The New UN Peacekeeping*）。同日付で国連カンボジア暫定統治機構（ＵＮＴＡＣ：United Nations Transitional

カンボジア

出典：明石康『カンボジアPKO日記――1991年12月～1993年9月』岩波書店、2017年を修正。

Authority in Cambodia）が設置され、武装解除、停戦監視、選挙監視、難民帰還などを掲げる「カンボジア紛争の包括的解決に関する和平協定」（パリ協定）のプロセスがいよいよ本格的に幕開けする。すでにヘン・サムリン（Heng Samrin）政権、ノロドム・シハヌーク（Norodom Sihanouk）派、ソン・サン（Son Sann）派、ポル・ポト（Pol Pot）派の四派で「最高国民評議会」（SNC：Supreme National Council）が設置されていたが、そのうち一角が協定不履行へと傾き、UNTACは次第に翻弄《ほんろう》されていく（冨山泰『カンボジア戦記』）。日本もその例外ではなかった。

着任早々、明石はカンボジア復興会議出席のために来日し、日本政府に対する人的貢献案を提示した。その内容は、工兵部隊四〇〇名から七〇〇名、選挙監視要員五〇名から一〇〇名、文民警察官七五名、停戦監視要員八名というものだった（三好範英『特派員報告 カンボジアPKO』）。

もっとも、国際平和協力法では、紛争当事者間の停戦合意が掲げられている。同法成立に協力した公明党が慎重な対応を要請した結果、宮澤も「初めてなので、慎重なうえにも慎重に」と言及するにとどまった（『朝日新聞』一九九二年七月三日）。宮澤としては、国際平和協力法の成立にあたり、参院の与野党逆転を解消する目的で民社党の協力を得ておきながら、今度は公明党との関係を悪化させ、国会運営を振り出しに戻すのは何としても避けたかったのだろう。

政局の火種にもなりかねないカンボジア情勢を見極めるべく、七月二日、有馬を団長とするカンボジア国際平和協力調査団一五名が空路プノンペン入りした（「カンボディア国際平和協力調査団報告書」）。折しも、ポル・ポト派が武装・動員解除を拒み、カンボジア和平の先行きが危ぶまれた時期とも概ね重なる。それでは、政府調査団は、カンボジア情勢を果たしてどう捉えていたのか。

現状では、カンボディアの一派がパリ包括和平協定の義務を履行していないなど懸念材料も存在するが、いずれの派もパリ包括和平協定そのものに異論を唱えているわけではなく、その枠組みは引き続き維持されてきており、各派間の大規模な戦闘が再開されるような状態が生じているわけではない。

〔中略〕

国連の平和維持活動が準拠すべき原則となる停戦の合意、受入れ側の同意及び中立性の要件に関しては、今次調査の結果、現状においてはUNTACについてそれらが満たされているものと認められる。（同右）

ポル・ポト派の離反はパリ協定を根本から覆すほどではなく、PKOの三原則も維持されているというのである。ただし、参考情報の収集が主である以上（同右）、国際平和協力法、とくに五原則に基づく判断が別途求められるようになる。

九月二日、UNTACへの派遣を要請する国連からの口上書が、国際連合日本政府常駐代表に届いた。そこには、停戦監視分野八名、文民警察分野七五名、道路・橋梁の修理等の後方支援分野約六〇〇名と綴られていた（Personnel Requested from Japan for UNTAC.［仮訳

「UNTACのために日本から要請される要員」」)。

口上書の接到《せっとう》は、国連との事前接触の産物である。ことUNTACをめぐっては、すでに非公式の打診が国連から届き、関係省庁間の検討が重ねられてきた。かかる状況に鑑み、八月一一日の閣議のなかで、加藤紘一官房長官が、派遣に係る準備を開始したいと表明するようになる(「国際平和協力法の施行及び国際平和協力業務の実施準備について(平成四年八月一一日閣議内閣官房長官発言要旨)」)。

これを受け、外務省では、カンボジア情勢が参加五原則に抵触しないかが検討され、次のように結論づける。

・停戦合意の存在:散発的かつ小規模な停戦違反はあるが、パリ協定に基づく和平プロセスの枠組みは維持されている。
・受入れ国及び紛争当事者の同意:受入れ国としてのSNCの同意及び紛争当事者各派の総意としてのSNCの同意の存在。
・中立性:いずれの当事者に偏ることなく活動。
・業務の中断・派遣の終了:国連側の了解あり。
・武器の使用:UNTAC側より武器を使用したことはない。

（国連政策課「国連カンボディア暫定機構（ＵＮＴＡＣ）に対する我が国要員の派遣について」）

五原則の充足を確認した政府は、口上書に沿って実施計画などを作成し、九月八日に閣議決定する（「カンボディア国際平和協力業務の実施について（平成四年九月八日閣議決定）」、内閣制度百十周年記念史編集委員会編『内閣制度百年史　下巻　追録』）。これに基づき、陸上自衛隊施設大隊六〇〇名は、九月一七日以降逐次日本を発った（防衛庁編『防衛白書　平成五年版』。防衛庁編『防衛庁五十年史』）。外務省は、三〇年以上描き続けた夢をようやく掴んだのである。

†タケオ――自衛隊の配置先

プノンペン郊外ポチェントン空港に到着した自衛隊を待ち構えていたのは、三〇〇人に及ぶ報道関係者が発した「フラッシュの洗礼」だった（渡邊隆「現場の誇り」、軍事史学会編『ＰＫＯの史的検証』）。その場を通り抜けた自衛隊は、カンボジア南部タケオに宿営地を構え、実施要領で定められた道路・橋梁《きょうりょう》等の修理などに従事することになる（「カンボディア国際平和協力業務実施要領の概要」）。なぜ、タケオが活動拠点に選ばれたのか。

話は八月に遡る。畠山蕃《はたけやましげる》防衛庁防衛局長は、宮本敏明《みやもととしあき》陸上幕僚監部防衛部長を引き連れ、ＵＮＴＡＣ司令部を訪れていた。自衛隊の担当地域、宿営地設置場所などを、ＵＮＴ

ACと調整するためである。明石との面会で提示された案が、「びっくりするような」地域（「〇〇付近」とのみ記され、詳細は不明）での施設業務であった。しばらく途方に暮れた二人だったが、ほどなく畠山が「もう一度日本の実情を話し、理解してもらうしかないね」と覚悟を決め、今度はサンダーソンとの面会に臨んでいる。日本の実情、自衛隊の実態を耳にしたサンダーソンは、直ちに彼らの前で電話をかけた。その相手は明石だろうか。電話を切り終えたサンダーソンの顔から笑みがこぼれた。「OKです、それではプノンペン南の国道二号線沿いを中心に活動をお願いしたい」（宮本敏明「畠山さんとの想いで」、畠山襄編『畠山蕃の生涯』）。

翌日、畠山たちはレンタカーで現地を視察する。けれども、市街地近郊の地域は、すでに他国の派遣部隊などによって押さえられていた。早くも考え方の転換を余儀なくされた二人は、郊外かつ、ポル・ポト派が襲撃し難い地域を探すようになる。その結果選び出されたのが、村落の一角に位置するタケオであった。三方を水田地帯に囲まれ、村落方向からしか接近できないタケオは、自衛隊の防護面でも望ましい要衝《ようしょう》だったのである（同右）。

くわえて、地の利に恵まれたタケオには、フランス軍の中隊が置かれていた。当時、在カンボジア日本国大使館特命全権大使を務めた今川幸雄《いまがわゆきお》は、フランス側に自衛隊の警備を依頼し、了を得ていたという（C・O・E オーラル・政策研究プロジェクト『今川幸雄オーラル・

ヒストリー〈元駐カンボジア大使〉』)。国際平和協力法上、武器使用が制限された自衛隊の安全確保に万全を期する意味でも、タケオは合目的的な地域に違いなかった。

それでは、好条件のタケオが手付かずだったのはなぜか。その背景として、今川と明石の働きを看過できない。当時、陸上幕僚長を務めていた西元徹也《にしもとてつや》の回想は、この点を物語る。

いちばん大きなことは、自衛隊の派遣場所をプノンペン南側のタケオを中心とする地域と決めていただいたことです。これは、今川大使と明石(康)代表が相談して、最後の最後までその地域の部隊を確定されず、日本はなかなか決まらないんですけれども、その間、確定しないで取っておいてくださったということが、実はいちばん大きなことだったのではないかと私は考えております。

(防衛省防衛研究所戦史部編『西元徹也オーラル・ヒストリー〈元統合幕僚会議議長〉』下巻)

今川と明石の調整は、比較的安全なタケオを残していた。そうしたなか、タケオにようやく辿り着いたのが、配置先の選定を本庁から託された畠山と宮本だったのである。

†情報伝達と治安

活動拠点のタケオに移動した自衛隊は、宿営地の設営に取りかかりながら、国道二号線、三号線の道路や橋梁の補修工事に着手した。しかし、ＵＮＴＡＣからの業務要請は、後を絶たない。ＵＮＴＡＣ構成部門などへの給水、給油、医療、宿泊施設提供、物資輸送など、その幅は広がる一方であった（「カンボディア国際平和協力業務の実施の結果」）。

他方、日々の生活を営むには、補給が欠かせない。そのための移動で、思わぬ事件に遭遇する。一〇月末、自衛隊衛生班は、衛生補給品の受領のためシアヌークビルへと向かっていた。その帰路、「「銃撃戦」に巻き込まれ、負傷者が発生しシハ《ママ》ヌークビルまで引き返した」との報告が、ＵＮＴＡＣ本部を経由し、陸上幕僚監部に伝達されている。だが、事実は似て非なるものである。Ｒ４警備担当の政府軍と強盗などが「撃ち合い」、衛生班の車両は、道すがら停止命令を受けた。その場で負傷者の救護後送を依頼された衛生班は、シアヌークビルへの後送を支援したのである（陸上幕僚監部編『カンボディアＰＫＯ派遣史（資料集その一の一）』）。「銃撃戦」か否かの判断は、解釈が分かれるところだろう。いずれにせよ、自衛隊から負傷者が出たわけではない。

情報に歪みが生じた理由は、直接の交信手段をもたず、人伝てで報告されただけではない。当初、フランス軍の中継で英訳され、UNTAC本部経由で伝達されたことも複雑さを増幅させた。「「伝言ゲーム」の実際版・国際版」に由来するコミュニケーション・ギャップに、自衛隊は期せずして襲われていたのである（同右）。

当時、自衛隊の活動状況は「若葉マーク」と称された。折しも、「若葉マーク」の自衛隊がPKOに伴う困難に処していたとき、カンボジア情勢は風雲急を告げていた。その背景にあったのが、クメール・ルージュ（Khmer Rouge）によるテロ、暴力沙汰、襲撃事件に他ならない。すでに論じたように、クメール・ルージュが停戦第二段階（武装解除）入りを拒んで以来、その他の派との間で進捗した武装解除そのものも中止に追い込まれ、治安もさらに悪化へと転じていく（池田『カンボジア和平への道』）。それらの被害がUNTAC関係者に及ぶまで、そう日数はかからなかった。

一九九二年一二月、コンポントム州で、UNTAC関係の軍事監視要員六名がポル・ポト派の勢力に拘留され、その釈放支援で派遣されたUNTACのヘリコプターまでも銃撃を受け、一名が負傷するという事件が発生している（S/24884）。もはや、陸上自衛隊現地入り前に描かれた「全体として静穏《せいおん》。〔中略〕わずかな砲撃戦有り」（「カンボディア情勢（UNTACの活動状況）」）のような情勢認識では通用しなくなりつつあった。

タケオ以外での被害は、自衛隊の活動内容にも微妙な影響を及ぼしていく。その一つが、

「集中点」の設置であった。一九九三年一月、UNTACはガイドラインを作成し、「再配置」段階を設けた。それに達した場合、UNTAC全職員（州単位）が避難準備を行うための「集中点」に移動すると定めたのである。その結果、フランス大隊長、およびUNTACタケオ州本部局長が、タケオの宿営地を「集中点」に設定するよう自衛隊に要請した。日本政府内の調整作業は必ずしも定かではないが、のちに選挙監視要員の宿泊や給食支援の形で任務が追加されるに至った（陸上幕僚監部編『カンボディアPKO派遣史』）。

†UNTAC要員殺害の余波

一九九三年を迎えてからも、UNTAC関係者への攻撃が相次いだ。四月二日、ポル・ポト派と思しき武装集団が、コンポンスプーのブルガリア小隊駐屯地を襲撃し、ブルガリア兵三名が死亡、三名が重軽傷を負った（「最近の主要な停戦違反事件等（平成五年）」）。この事件によって、ブルガリア国会では撤退の声が上がり、同国政府は苦境に追い込まれていた（明石康「カンボジア日記」）。

ところが、標的とされたのは軍事要員だけではない。同月八日には、コンポントムで国連ボランティア（UNV：United Nations Volunteers）の中田《なかた》厚仁《あつひと》、通訳のレイ・ソクピークが狙い撃ちにされた。日本人犠牲者、文民職員殺害という点で、それまでとは異質のものであった（篠田英朗『日の丸とボランティア』）。

度重なるＵＮＴＡＣ要員襲撃を前に、外務省は他国政府の動向を調査・分析していた。第一に注目されたのが、四月一一日のギャレス・エヴァンス（Gareth Evans）豪外相による発言である。同国テレビ（Nine Network Television）で、エヴァンスは「我々は、個別の散発的な事件、〔中略〕その連続によっても抑止されることはない」、「ポル・ポト派が国連の要員を組織的に攻撃の対象としているかどうかは明らかではない」と任務継続の意を明らかにした（神余隆博「（参考）」）。

第二に、インドネシア政府のエディ・スドラジャト（Edi Sudradjat）国軍司令官、およびアリ・アラタス（Ali Alatas）外相の発言である。インドネシア国軍の残留を指摘したという点で、彼らの発言はさして変わらない。ただ、温度差が皆無だったわけでもない。とくにスドラジャトは、「もし、我々の部隊が攻撃されたとしたら、現地にとどまる必要はないだろう」と懸念を示していた（藤田大使発外務大臣宛第八八一号別ＦＡＸ信「インドネシア部隊の撤退に関する報道（防衛情報）」。*The Indonesia Times*, 15 April 1993. *The Jakarta Post*, 16 April 1993）。

こうした認識はもちろん、外務省は他の情報とも突き合わせ、次のようにまとめている。

停戦合意等のカンボディアの現状についての、オーストラリア、インドネシア両政府の認識は我が国のものに近いと考えられる。いずれにせよ現時点で豪やUNTACのその他の国の部隊や要員の引揚げが考慮されている訳ではない。

（「インドネシア・豪の撤収に関する発言」）

外務省は、伝統的な「PKO先進国」よりも、同じアジア太平洋地域に属する国々の動向に関心を寄せ、いったいどの程度の事件で活動停止や撤退が本格的検討に付されていくのかを慎重に線引きしようとしていたのである。

本省が動向調査を進めるなか、在外公館はさらなる措置を模索していく。日本人選挙監視要員の派遣を控えた四月一六日夕刻、今川は、(一) 緊急事態で早急に連絡、対応がとれる主要都市や、自衛隊施設部隊の近くへの配属、(二) 監視行動の際のUNTAC軍事要員による警護、を明石に要請した。そして、安全確保がなされなければ、随時派遣を取り止めると伝達したのである（「当省として取るべき立場」）。

こうした明石への接触を、防衛庁も推し進めていた。四月一九日、日吉章《ひよしあきら》防衛次官は、UNTAC要員への攻撃、ポル・ポト派の対決姿勢に鑑み、明石に要望を出している。すなわち、(一) 自衛隊の安全に対する一層の配慮、およびその対策、(二) フランス大隊によるエスコート（護衛）などの徹底である。それに伴い、日吉が野党や世論に触れた途端、明石の反論を招いた。明石が「世論自体はカンボジアを含む国連平和維持に前向きになってきているのではないか。問題は視聴者や読者に影響を与えるマスコミのゆがんだ世論誘導にあるのではないか」と指摘すると、日吉は「世論というよりは疑似世論が問題だ」と返答する。明石は、日本の事情に理解を示しながらも、「臆病な姿勢が気になってしかたない」、「日本のへっぴり腰が目立つ」などと苛立ちを覚えたという（明石康『カンボジアPKO日記』）。

日本政府の環境整備によって、UNTACとの関係に溝が生まれつつあった。そうしたなか、日本の人的貢献を根本から揺さぶる事件が発生する。「PKOへの後発参入国」は、一転して窮地に立たされていく。

†「孤独な決断」——国内分裂

一九九三年五月四日、アンピルでUNTAC車両縦隊が、突然武装集団の襲撃を受けた。縦隊には日本人文民警察官の車両も連ねており、岡山県警察所属の高田《たかた》晴行《はるゆき》警部補が死亡し、四名が重軽傷を負った。うち重傷者二名は、同日にもバンコクの病院に搬送され、高田警部補の遺体も翌日には搬送された（今川幸雄『カンボジアと日本』）。

隣国への移送は、UNTACからの辛辣《しんらつ》な非難にさらされた。その急先鋒が、文民警察部長のクラース・ルース（Klaas Roos）である。ルースが「今回の日本人文民警察官のタイ領に入った行動は職場離脱で規律違反である」と強い口調で今川に抗議を申し入れると、今川は緊急避難と人命尊重を理由にその抗議を拒絶する（同右）。安全対策の在り方をめぐって、日本とUNTACの齟齬は決定的なものとなっていた。

　事件発生時、宮澤は静養で軽井沢に滞在していた（五百旗頭他編『宮澤喜一』）。柳井俊二総理府国際平和協力本部事務局長が首相秘書官に会議を開くよう求め、宮澤は急遽帰途につく（五百旗頭他編『外交激変』）。車中の宮澤に対し、河野《こうの》洋平《ようへい》内閣官房長官が「もう東京ではみんな引き揚げだ」と電話で報告したように、撤退論が大勢を占めた（宮澤喜一他「日本外交インタビューシリーズ（一）宮澤喜一」）。宮澤は、「それは待ってくれ、私が帰るまで。どうせ夜中過ぎには着くから、もう少し待っていろ」と止めたという（C・O・E・オーラル・政策研究プロジェクト『宮澤喜一オーラルヒストリー（元内閣総理大臣）』）。

　宮澤が官邸に到着すると、河野、柳井の他、近藤元次《こんどうもとじ》、石原両官房副長官、小和田恆外務次官が総理執務室に入り、五月五日午前〇時過ぎから会議が開かれた（竹内行夫「孤独な決断」）。会議の様相については、竹内行夫《たけうちゆきお》内閣総理大臣秘書官が綴った記録に詳しい。

　河野長官から、遺体の移送の段取り、対策本部の設置などについて報告を受けたあと、宮澤総理は、葬儀や補償についてできるだけのことをするよう指示したうえで切り出した。「さて、今度の事件は、総選挙を経て新たな国造りをしようとするパリ協定プロセス全局面の中で、どのように分析評価すればよいのでしょうか」。〔中略〕「柳井さん、小和田さん、どうですか」。総理は、二人の発言を促した。

柳井事務局長と小和田次官の分析は一致していた。今後とも選挙妨害のための襲撃やテロは続くだろうが、ポル・ポト派の実力からみて全土にわたる大規模な行動は困難であろう。種々の可能性は排除し得ず安全対策を強化する必要はあるが、何とか選挙は実施できると思うし、されなければならない、それにポル・ポト派もパリ協定は厳格に遵《じゅん》守《しゅ》されるべしと主張しているというものであった。

これを受けて宮澤総理は、「そういうことならば、こう考えられますね」として、「安全対策を強化したうえで、総選挙を実施する。選挙の結果がどうなるかはわからないが、あとはシアヌーク殿下を中心にまとめることができれば、総選挙をやった意味は大きいということになる。和平プロセスが進んで何らかの成果を生む見通しがあるのならば、そこから逆算して、われわれとしても、ここのところは頑張ってやりかけた仕事をしっかりとやり遂げましょう」と結んだ。（同右）

つまり、外務省の小和田や、総理府の柳井が宮澤を説得したわけではなく、宮澤自ら撤退論を覆す根拠を二人に求めたのである。会議におけるやりとりは、宮澤にとって自身の考えの裏付けを導き出すプロセスでもあった。

翌朝に持ち越さずに「孤独な決断」を下した宮澤だったが、それを支えたものは情勢分析だけではない。官邸到着直後の宮澤は同時に、「引き揚げない。人が一人死んだからといって、国際的に約束した任務を一斉に引き揚げたら、日本という国はいい加減な国だなと。それしか残らないじゃないのか」と思ってもいた（宮澤他「宮澤喜一」）。すなわち、「孤独な決断」の背景には、国際的な信頼性の維持も存在したのである。

宮澤の決意を聞いた河野らも、ついに「腹をくくった」（河野洋平『日本外交への直言』）。かろうじて撤退論を退けた宮澤だったが、新たに閣内不一致が露呈する。五月七日午前九時から四〇分間続いた閣議、続く記者会見の場で、小泉純一郎《こいずみじゅんいちろう》郵政相は「PKO協力法の国会審議では、血を流してまで国際貢献しろ、という議論はなかった。血を流してまでというのではいけない」と撤退を含めた検討を訴えた。閣議後の宮澤の日程が詰まり、河野は「『血を流すことを「あり得べし」とは考えていない』、「ご意見をしっかり踏まえ、対処していきたい」と他の閣僚から意見が上がる前に締め括り、どうにかその場を切り抜けている（『朝日新聞』一九九三年五月七日夕刊）。

こうした批判の声が国会審議などで上がっていたことは、今更論を俟たないだろう。一度は瀬戸際に立たされたものの、宮澤の意志は固かった。「孤独な決断」が覆る瞬間は、終《つい》ぞ訪れなかったのである。

†安全対策——襲撃対処と抑止力

事件の余波は、自衛隊施設部隊にも及んだ。施設部隊には、新たに次の措置が追加されている。

（一）警衛所（タケオ宿営地正門脇）の周囲等、所要の箇所における土のう《ママ》積み
（二）所要の箇所における防護壁の設置
（三）防弾チョッキ付加機材の装着
（四）伏撃対処訓練展示等

（防衛庁「施設部隊の安全対策について」）

そもそも自衛隊は、一般的な措置として、（一）関連情報の収集、（二）夜間外出禁止、（三）外出時及び業務実施時における単独行動の禁止、（四）単独車両での運行を極力回避、（五）車両移動時の国連旗の携行、などを講じていた（同右）。すなわち、追加された四項

目は、従来よりも襲撃対処に重点が置かれたものだったのである。ただ、一般的な措置同様、自衛隊の自己防衛に収まるものでもあった。

ところが、制憲議会選挙が刻々と迫るにつれ、自衛隊が担う安全確保の対象も拡大へと転じていく。そこで問題となるのが、日本人選挙監視要員四一名の配置先であった。最終的に彼らは自衛隊が駐屯するタケオに配置されるが、派遣前に日吉は、次の要望を明石に出したという。

内閣や法制局とも相談をしているのだが、自衛隊に選挙監視員警護の任務を付与することはできないと言われるのです。ですから、自衛隊の施設大隊が駐屯するテリトリーに日本の選挙監視員が来ても、彼らの警護ができないのです。ですからわが国の選挙監視要員は他の地域に配置して欲しい

（防衛省防衛研究所戦史研究センター編『オーラル・ヒストリー　日本の安全保障と防衛力⑦日吉章〈元防衛事務次官〉』）

間髪を容れず明石は、「そんなことは恥ずかしくてとても出来ない。自分はＵＮＴＡＣの特別代表として、母国のそのような対応は許せない。国辱的なことだ」、「何とか知恵を

出してくれ」と応えた（同右）。

問題は、ポル・ポト派の総攻撃からどう日本人選挙監視要員を保護するかである。そもそも、自衛隊の警邏や警備は、国際平和協力法上はおろか、実施計画上も認められていない。そこで「便法」を編み出したのが、柳井と畠山であった。日本人選挙監視要員たちが配属された投票所を、武器を携行した自衛隊員が四輪駆動車で訪れ、食料、飲料水を毎日届ける。同時に、情報交換まで実施するというものである。ポル・ポト派に対する「立派な抑止力」（傍線削除引用者）としての機能に、彼らは賭けたのである（柳井俊二「PKOの戦友、畠山蕃さんを偲ぶ」、畠山編『畠山蕃の生涯』。村上友章「カンボジアPKOと日本」、軍事史学会編『PKOの史的検証』）。

だが、「補給と情報収集」の名目で実行に移されたとはいえ、彼らが導き出した方法にリスクが伴わないわけではなかった。柳井と畠山は、「何か問題が起こったらわれわれが責任をとればいいや」と引責も覚悟していたという（五百旗頭他編『外交激変』）。結果的には、ポル・ポト派による総攻撃も、日本人選挙監視要員を標的とする襲撃も起こらず、それは杞憂《きゆう》に終わった。彼らの策は、国内法上かなり際どい反面、日本のPKO参加を支える側面も持ち合わせていたのである。

五月二三日から二八日にかけて、カンボジア制憲議会選挙は恙無《つつがな》く実施された。カンボジア全土に固定投票所一四〇〇カ所、移動投票所二〇〇カ所が設置され、予想を上回る四二〇万人以上（約九〇％）の有権者が投票に赴《おもむ》いた。四〇度を超える灼熱の大地で、カンボジア国民の新たな出発を見届けた自衛隊は、七月以降撤収作業に着手しはじめる。そして九月には、カンボジア政府にプレハブ建物などの資機材を贈与し、タケオを後にした（「カンボディア国際平和協力業務の実施の結果」）。

かくして、自衛隊のＰＫＯ初参加は終わりを迎えた。けれども、その後景では、ポスト・カンボジアを見据えた試行錯誤の営みが密かに進められていた。ほどなく、自衛隊が派遣されるＰＫＯの地理的外延も、アジアからアフリカへと大きく切り拓かれていくのである。

第四章

二つのアフリカ

——ソマリアとモザンビーク

国会内でモザンビークPKO派遣を協議する閣議。左から武藤外相、宮沢首相、後藤田法相、右端は中山防衛庁長官（1993年4月27日、ⓒ毎日新聞）

†「平和への課題」

国際平和協力法成立直後の一九九二年六月一七日、ＰＫＯの在り方そのものが一つの画期を迎えていた。その契機となったのが、ブトロス・ブトロス＝ガリ（Boutros Boutros-Ghali）国連事務総長が著した「平和への課題（Agenda for Peace）」である（A/47/277, S/24111）。

「平和への課題」は、ＰＫＯを（一）予防外交（Preventive Diplomacy）、（二）平和創造（Peacemaking）、（三）平和維持（Peace-keeping）、（四）紛争後の平和構築（Post-conflict Peace-building）という時系列上の四機能に分類し、国連による平和機能強化を提言したものであった。これらは、それぞれの頭文字を冠し、のちに「四つのＰ」とも称される（Ibid. 田仁揆『国連事務総長』）。国際平和協力法成立も束の間、日本は、さらなる変化のうねりに飲み込まれようとしていた。

「平和への課題」で最も反響を呼んだのが、「平和執行部隊（Peace-Enforcement Units）」創設である。ＰＫＯの任務遂行のためには、武力行使も厭《いと》わないという新概念誕生を前に、日本政府関係者も敏感に反応した。九月二一日、ニューヨークでは第四七回国連総会が開催されていた。そのなかで、渡辺《わたなべ》美智《みち》雄《お》副総理兼外相は、「いわゆる「平和執行部隊」の考え方は、将来の国連による平和構築の構想として興味深いものでありますが、従来の平和維持隊とは全く異なった考え方に根差すものであり、引き続き検討していくことが必要と考えます」と述べている（「第四七回国連総会における渡辺外務大臣一般演説」、外務省編『平成四年版外交青書』）。渡辺は、「平和への課題」に意欲を示しつつも、慎重さを隠さなかったのである。

同時期、「アフリカの角」の東端に位置するソマリアは、混乱を極めていた。一九九二年三月三日、アリ・マフディ・モハメド（Ali Mahdi Mohamed）大統領と、モハメド・ファラー・アイディード（Mohamed Farah Aideed）将軍が「停戦の履行に関する合意（Agreement on the Implementation of a Cease-fire）」に署名し（S/23693）、四月二四日から第一次国連ソマリア活動（UNOSOMI：United Nations Operation in Somalia I）が設置されていた（S/RES/751）。停戦合意の安定化、緊急人道支援の円滑な提供を目指したUNOSOMIであったが（Ibid）、なおも人道支援関係者などへの妨害や襲撃が後を絶たなかった。限度を超えたと断じた国連安保理は、武力行使を含む「あらゆる必要な手段」を認める決議を採択（S/RES/794）、アメリカ主導の多国籍軍「統一タスク・フォース（UNITAF：Unified Task Force）」が、いよいよ一二月に展開する（S/24976）。

ソマリア情勢とは対照的に、同じアフリカ大陸に位置するモザンビークは、次第に落ち

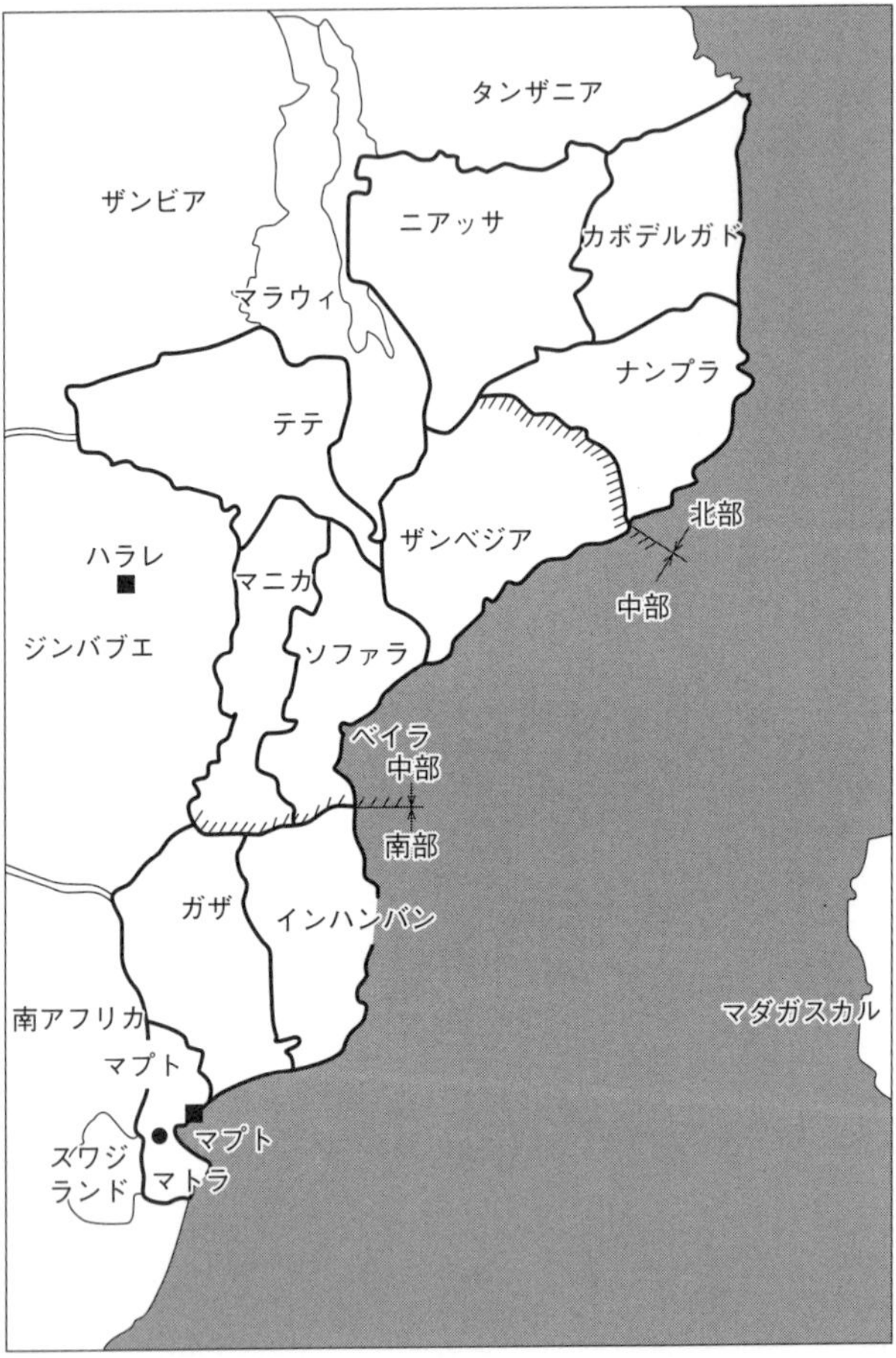

モザンビーク
出典：「モザンビーク国際平和協力業務の実施の結果」(1995年３月) を修正。

着きを取り戻しつつあった。一〇月四日、ジョアキン・アルベルト・シサノ（Joaquim Alberto Chissano）大統領と、アフォンソ・ドラカマ（Afonso Dhlakama）モザンビーク民族抵抗運動（RENAMO：Mozambican National Resistance）議長のトップ会談で包括和平協定（General Peace Agreement）が署名された（SG/SM/4829）。これを受け、一二月一六日には、国連モザンビーク活動（ONUMOZ：United Nations Operation in Mozambique）が首都マプトに設置され、停戦監視、武装解除などの任務を主導することになる（S/RES/797）。翌日付外務省の分析によれば、RENAMOによる北部諸都市占拠など発生していたが（アフリカ第二課他「モザンビーク和平（国連安保理決議七九七の採択）」）、散発的なものにとどまっていた。

このようにアフリカには、二つの好対照なPKOが生まれていた。参加五原則に照らすなら、ソマリアよりも、モザンビークの方が明らかに親和的である。カンボジアに続く「実績積上げ」という観点からしても、後者の方が比較的派遣が容易く、優先的に推し進められてもおかしくない。けれども、事はそう単純な問題ではなかったのだ。

†情勢認識と資金協力

ONUMOZ設置後のモザンビーク情勢を、外務省は引き続き注視していた。その一環として、外務本省には次のような報告が寄せられている。

一．政府軍の兵力は約六〜七万（ＡＫ－四七ライフルで武装。因みに、輸送機としては旧ソ連製のアントノフ輸送機一機を有するのみ）、これに対しＲＥＮＡＭＯは二万人程度に兵力を維持したい考えであるが、現在の兵力は一万七千人程度と見られる。

二．主要都市及び中部から南部にかけては比較的安全であるが、北部についてはＲＥＮＡＭＯ兵士と関係があるのか判然としないが、山賊やＷＡＲＬＯＲＤが活躍し、相当危険な地域となっている。右のような情況に加え、銃が至る所に氾濫していることが治安をさらに悪化させている。

三．しかし、英国の援助関係者に言わせれば、全国的に見ても治安は以前に比較して相当好転しており、例えば、ベイラ回廊には現在ジンバブエ軍が展開しているが、追剥ぎ等による事件はあるものの、同軍に対する本格的な攻撃は過去一八ケ月行われていない。自分〔黒塗り〕も数ヵ月前ジンバブエ側からベイラ回廊沿い車を走らせたことがあるが、非常に安全であった。

（在ジンバブエ飯島大使発外務大臣宛第五三四号「最近におけるモザンビークの治安状況」）


協定締結後も政府とＲＥＮＡＭＯが兵力や武器を維持し、組織的背景が不明な勢力による活動も衰えを見せていない以上、安全と危険は地域次第というのである。紛争当事者のRENAMOや政府にとどまらず、それら以外の勢力にも警戒感を示しはじめていた。

他方、ソマリア問題をめぐって政府が講じたのが、資金協力であった。一二月一八日時点で日本は、「ソマリア信託基金（Trust Fund for Somalia-Unified Command）」に一億ドルの拠出を誓約し、その他の国の額は、フィンランド七〇万ドル、フィリピン五〇〇〇ドル、サウジアラビア一〇〇〇万ドルにとどまった（S/24992）。日本の提示額は群を抜いていた。

資金拠出だけではない。資金調達の面でも日本は役割を担おうとした。とくに宮澤は、経済協力開発機構（OECD：Organization for Economic Co-operation and Development）先進国、東南アジア諸国連合（ASEAN：Association of South East Asian Nations）など三八カ国に対し、財政拠出を求める書簡を一二月二四日までに送付している（『朝日新聞』一九九二年一二月二五日）。「ソマリア信託基金」への協力に限られているが、外務省と同様、官邸も幾分積極的であった。

FOIAを通じて取得したアメリカ国務省の文書によると、かかる日本の誓約はブッシュを喜ばせた（Letter from President Bush to Prime Minister Miyazawa, 30 December 1992）。アメリカ側は、平和強制型の任務に自衛隊を派遣する困難さに理解を示す反面、資金に乏しい部隊拠出国向けの財政支援を日本に強く求めていたからである（International Coalition for

Somalia: Follow-up to the President's Call, December 1992)。その意味で、「ソマリア信託基金」への日本の貢献は、アメリカの要請と合致するものだったのである。

しかし、政府、とりわけ外務省からすれば、検討作業の対象は何も資金協力に限られたものではなかった。モザンビークをめぐって情勢分析を深めるなか、まずソマリアに政府調査団が派遣されることになる。

†「ソマリア人道支援調査団」――国連とアメリカ

一二月一九日、野上義二《のがみよしじ》外務省中近東アフリカ局審議官を団長とし、外務省(四名)、総理府国際平和協力本部、厚生省、JICA(各々一名)で構成された「ソマリア人道支援調査団」が、モガディシュ入りを果たした(近ア二「未決裁　野上近ア局審議官の記者ブリーフ概要」。『朝日新聞』一九九二年一二月二〇日)。チャーター便着陸直後、調査団一行を待ち構えていたのは、武装集団の自動小銃AK-四七であった。一行は入国審査として小屋に連行されてしまうが、野上がダンヒルのタバコを武装集団に分け与え、かろうじて難を逃れている(金杉憲治「ソマリアの首都モガディシュでの一泊」)。

同日中にも野上らは、イスマット・キタニ(Ismat Kittani)国連事務総長特別代表との意見交換に入り、今次調査団派遣の目的として、ソマリア難民救援活動のニーズ、現状と見通しの把握を掲げた。わけても後者に至っては、「一定の要件（国連決議の存在、停戦合意、当事者の受け入れ同意等）」が充足された場合、ＰＫＯへの日本の参加は「理論的には可能」と意欲を滲ませたのだった（ケニア発本省宛電信第一四二二号「ソマリア情勢（人道支援に関する調査団の派遣）」）。

野上の説明に対し、キタニはカンボジアと対比し、ＰＫＯ設置の不透明さを強調する。

ソマリア問題の解決について、ＳＧ（ガリ国連事務総長）はカンボディア《ママ》型の暫定統治機構を設けることもありえるとしている。しかし、カンボディア《ママ》では四派に過ぎなかった《ママ》が、ソマリアでは当事者の数が極めて多いので《ママ》、それも容易ではない。（同右）

モハメド・サヌーン（Mohamed Sahnoun）前特別代表の経験が端的に示すように、そもそも当事者各人と議論するのは「時間の無だ《ママ》」である。当事者を一同に集めた方が望ましい（同右）。

何と辛辣な言葉を野上らは聞かされたのだろう。キタニは、多国籍軍ＵＮＩＴＡＦから日本の国内法にとって親和性の高いＰＫＯへの移行を早期に果たすためにも、どうにかして当事者間の政治的和解も促さなければならないというのである。

キタニの説明以上に、「カンボデイア型」のＰＫＯ設置に難色を示したのは、野上が翌二〇日に意見交換を行ったロバート・オークリー（Robert B. Oakley）在ソマリア米国大使であった。「ソマリアでカンボデイ《ママ》ア型の停戦協定等を想定することは常識的に考えても無理」との直截的な表現は、オークリーの言である（ケニア発本省宛電信第一四二三号「ソマリア情勢（人道支援に関する調査団の派遣）」）。表現こそ異なるものの、ソマリアでの停戦協定の確立がカンボジア以上に困難であるというただ一点において、たしかに国連とアメリカの考えは一致をみていた。主として治安維持に携わったアメリカ、政治的和解に向き合っていた国連、日本の情勢認識はいずれともやや懸け離れていたのである。

ところが、野上に対し、オークリーが「強い懸念」という言葉で国連の対応を評したように（同右）、「可及的《かきゅうてき》速やかに（as soon as possible）」ＵＮＩＴＡＦから新たなＵＮＯＳＯＭに引き継ぐよう望むアメリカ側と、時期尚早と捉える国連側の懸隔《けんかく》は、依然解消されていなかった（S/24992）。調査団一行は、「カンボデイア型」のＰＫＯ設置どころか、ＰＫＯそのものの見通しすら全く立たないなかで、ソマリア現地での調査を余儀なくされたのであった。

モガディシュで、キタニから前任者批判を、オークリーから国連批判を聞かされた野上ら一行は、国連児童基金（UNICEF：United Nations Children's Fund）ソマリア事務所も訪問している。在ケニア日本大使館から外務省本省宛に送られた電信によれば、マーク・スターリン（Mark Stirling）所長は、プロジェクト管理を担う人材だけでなく、ソマリア北部に保健・医療ユニット、農業、畜産専門家チームを派遣した際の支援などもニーズとして挙げている。席上、野上が、結核向けの保健・医療ユニット派遣を仮定した場合の考えを問うと、UNICEF側から「極めて効果的な派遣になり得ると思う」との言質《げんち》を得たという（佐藤大使発外務大臣宛電信第一四三五号「ソマリア情勢（人道支援に関する調査団の派遣）」）。

一二月一九日夜、モガディシュに一泊した調査団は、武装集団とUNICEF警備の銃撃戦を目の当たりにするが、なんとか翌日には無事ナイロビへと戻った（金杉「ソマリアの首都モガディシュでの一泊」）。

なお、キタニとの会談を実施した一二月一九日には、「ぶら下がり会見」も開かれている。そのなかで、野上は「ソマリアの状況は極めて特殊であり、だれを当事者と考えるのかが極めて難かしい《ママ》」と質問に応じた（佐藤大使発外務大臣宛電信第一四一四号「ソマリア人道支援調査団（キタニ特別代表との意見交換――ぶら下がり会見）」）。かかる情勢認識は、帰国後作成された二枚の報告書にも反映されている。

ソマリアの状況は他に例を見ないほど異常である。インフラは全て破壊されており、社会秩序も存在しない。〔中略〕輸送、通信、食糧の自給自足、及びミニマムの安全確保（自衛手段）が可能となるような体制を組んで人員を派遣する以外にほぼ方策はない。

（外務省中近東アフリカ局「ソマリア人道支援調査団（とりあえずの所見）」）

一度は「他に例を見ないほど異常」と評したものの、報告書は第二次国連ソマリア活動（UNOSOMⅡ：United Nations Operation in Somalia Ⅱ）段階での参加にも触れている。それに伴い意識されていたのが、アメリカへの対応であった。アメリカに日本の意図を早期に伝え、日本の実施しやすい分野や形態を固めていく必要を訴え、ニーズについては、「分野、形態の両面において相当広範囲に亘る」とした（外務省「ソマリア人道支援調査団」）。だからこそ一九九三年一月一一日、アフリカ第二課、および国連政策課は、UNOSOMⅡ、ONUMOZそれぞれへの参加オプションを念頭に置き、「関係省庁との調整を進めていく」と意欲を示してさえいた。それに、二つの課からすると、「我が国が早期に人的貢献の意向を示すことが対外的に重要」なのである（アフリカ第二課他「ソマリアにおける人的貢献の基本的考え方（案）」）。

ソマリア情勢の進展を見極めつつも、あとはどう関係省庁、官邸を説得し、閣議決定まで持ち込むかであった。だが、人的貢献の実現に向けた外務省の粘り強い努力の行く末には、これまで周到に重ねてきた議論を覆す事態がにわかに訪れようとしていた。

†意見交換

内閣改造を一九九二年一二月一二日に終え、翌九三年初の閣議を招集した宮澤は、景気対策、政治改革に並び、国際貢献を閣僚に指示した。前任の加藤紘一を継ぎ、新たに内閣官房長官に就任した河野洋平は、国際貢献の在り方を多面的に捉え、「PKOばかりに議論が流れないように気を配った」という（河野『日本外交への直言』）。資金協力を実施する一方、PKO派遣も追求する外務省の営みは、必ずしも河野の考えと相容れないものではなかった。

ところが、宮澤の政治的求心力は失われつつあった。東京佐川急便事件、続く金丸信の自民党副総裁（経世会会長）辞任に端を発し、自民党内はすでに分裂の様相を呈していた（草野厚『連立政権』。北岡『自民党』）。それに、宮澤内閣支持率も低落していた。『朝日新聞』世論調査によれば、支持率は同年九月の三三％から二〇％にまで下落し、同内閣最低を記録している。他方、不支持率は、四七％から六三％に急増した（『朝日新聞』一九九二年九月一八日、一二月二三日)。もはや、宮澤政治への遠心力が働き、PKO派遣を下支えする政治基盤は侵食されつつあったのである。

逆風に晒《さら》されるなか、外務省は関係省庁との意見交換に入っていた。一九九三年一月六日、山口寿男《やまぐちひさお》外務省中近東アフリカ局アフリカ第二課長が説明すると、総理府国際平和協力本部事務局の川口雄参事官、貞岡義幸《さだおかよしゆき》参事官はこう返答している。

> 防衛庁は、モザンビークかソマリアのどちらかで「法」に基づく参加をすることを事務的に検討している模様。どちらかと言えばモザンビークに関心があるようであり、モザンビークのPKOに参加するなら早く出て有利な役割を確保したいと考えている模様。
> 他方、防衛庁の方から積極的に動くことはなく、あくまでも頼まれる形で出ていくということであろう。
> (近ア二「ソマリア問題(人的貢献)」)

そして彼らは、柳井俊二事務局長の意向として、「ソマリア周辺国で無理して実施しても、大して評価もされないのであるから、むしろモザンビークのPKOに参加する方向で準備を進めるべしとの御《お》考えである」と告げた(同右)。防衛庁の動向、活動の将来的評価に鑑みた場合、モザンビークPKOの方が現実的だというのである。

むろん、外務省の説明は、防衛庁にも行われていた。それでは、伊藤康成《いとうやすなり》防衛局防衛政策課長、野津研二《のづけんじ》防衛局運用課長の反応は、どのようなものだったのか。アメリカ軍がUNITAFを主導して以来、「ソマリア問題は一般的な意味での人道的救援活動ではなくなり、対米関係を中心に考えざるを得なくなっている」「UNOSOMⅡへの参加は、決議の内容を見極める必要があるとしても、参加できる場合はタイミング良く参加しなければ意義が滅殺《めっさつ》されてしまう」と説く外務省に対し（同右）、自衛隊を管轄する防衛庁の二人は何とも率直である。

> モザンビークでのPKO（七〇〇〇人）も一月末から三月末の間に八〇％程度の配置が行われる予定と聞いている。自衛隊の能力を考えると、カンボディ《ママ》アに加え、ソマリアでもモザンビークでもというのは負担が重すぎる。どこで参加し、どこで参加しないかという点については、国際平和協力本部や外務省で整理して欲しいし、今後とも協議させて頂きたい。（同右）

総理府の観察に反し、伊藤と野津は、どこの国だからどうと述べたわけではない。むしろ、派遣先をめぐる「選択」の問題として捉えていたのである。なにせ、カンボジアへの自衛隊派遣は初のＰＫＯ参加に他ならず、「若葉マーク」とも呼ばれていた。それゆえ彼らは、事実上の二者択一を外務省に突き付けたわけである。

†三省庁会議――「三正面」をめぐる不協和音

ソマリア、モザンビークでの人的貢献をめぐって、一九九三年一月一二日、総理府国際平和協力本部事務局、外務省、防衛庁は、課長レベル級の三省庁会議を総理府で開催する。同会議席上、山口は、「三月一五日アディス国民和解会議が開催されることになった。開催まで紆余曲折あろうが、この場で何らかの暫定政府のようなものが樹立できれば、我が国のＰＫＯ参加も現実的になりうる」とソマリア情勢に触れている。一方のモザンビークについては、「ここ数か月武力衝突もなく平穏な状況との情報に接している」と口火を切った（国連政策課「ソマリア、モザンビークに対する我が国の人的貢献に関する三省庁会議メモ」）。

同様に、神余隆博国連局国連政策課長も、「将来ＵＮＯＳＯＭⅡが従来型のＰＫＯになった時には右への参加（とくに輸送部隊）を検討」とする一方、「停戦合意がしっかりしているし、国連からも日本が参加することへの期待が表明されていることから国際平和協力法に基づく人の派遣を検討すべき」とモザンビークＰＫＯへの派遣を山口以上に強く推したのである（同右）。

外務省の説明を受け、防衛庁は再び難色を示している。

カンボディア《ママ》に加え、ソマリア、モザンビークと「三正面」に派遣することはきつい。理由は①ＵＮＯＳＯＭはロジ（ロジスティクス：兵站）がしっかりしておらず派遣するとすれば数百人の単位で出さざるを得ないが、派遣可能要員の人員数的な問題に加え、英語能力的な問題から十分な数の要員がいるわけではない、②日本の世論はカンボディア《ママ》の時ほど熟しておらず、何故わざわざアフリカ諸国へ派遣するのか世論対策を十分に勘案する要あり、③国連平和維持活動（ＰＫＯ）への協力は未だ端緒に着いたばかりであり、あまり無理をしたくない。ＵＮＯＳＯＭが従来型ＰＫＯに移行する時期がＵＮＴＡＣへ派遣している部隊の撤収後であれば、ＵＮＯＳＯＭⅡにも相応の派遣は可能。いずれにせよ各派遣の優先度を決めてほしい。（同右）

内容そのものは、一月六日の意見交換時と基本線で変わらない。けれども、三省庁会議の方は、防衛庁・自衛隊が、なぜ「三正面」を忌避するのかを詳らかにしたものだった。

これを受け、外務省は重要度の相違という観点から言葉を継いだ。

> 三正面作戦が困難であるのは分かるが、アジア以外にも出ていく、カンボディア《ママ》だけではない、ということが対外的説明の観点からも重要である。
> また、これらの地域に積極的に人を派遣することで世論を喚起できるであろうし、国連《ママ》平和協力法の見直しのためにも幾つか実績を積んでいくことが必要。モザンビークでの貢献も当然前向きに検討すべきものと考えるが、外交的インパクトからは、UNOSOMⅡへの参加が圧倒的に重要である。
> （同右）

要するに、「実績積上げ」によって世論を喚起し、国際平和協力法見直しの方途としてONUMOZ、UNOSOMⅡを位置づけ、後者への参加こそが有効であると捉えられていたわけである。世論の成熟抜きでの派遣に気乗りしない防衛庁に対し、外務省が「実績積上げ」を通じて世論を喚起できると考えたところに、PKO参加をめぐるアプローチの相違が如実に現れていた。

ONUMOZ以上に、UNOSOMⅡを外務省が重視した背景には、アメリカの期待に効果的に応えたいという意図がある。ソマリアをめぐり、一月六日の意見交換で「対米関係を中心に考えざるを得なくなっている」と外務省側が指摘した点を併せると、三省庁会議での「外交的インパクト」とは、紛れもなく対米関係を意味しよう。すなわち、UNO

SOMⅡに派遣した方が、対米インパクトを残せるというのである。

けれども、外務省の反論は、関係省庁を説得するどころか、かえって懸念を増幅させる結果を招いた。総理府は「周辺国にどのようなニーズがあるか更に詳細に調査する必要あり」と応じ、防衛庁もまた、「UNOSOMⅡに参加することとなった場合、後方支援としていかなる要請がくるか不安」と返答した（同右）。

「三正面」なのか、それとも「二正面」か。検討作業の行方は、後者、なかんずくモザンビークPKO参加に傾きかけていた。ソマリアPKO参加を起点とし、外務省が描き出した青写真に、早くも暗雲が垂れ込めていた。

†官邸と外務省

総理府や防衛庁と折り合いが付かないなか、外務本省は政治レベルでの調整にも迫られていた。一九九三年二月一日、小和田恆外務次官は官邸に宮澤を訪ね、ソマリアとモザンビークを比較しながら次のように説明している。

ソマリアで本当の意味でのPKO活動が行える状況となり、日本に派遣要請があった場合に、モザンビークに出したからもう余裕がないのでソマリアには応じられないという話になることは、国際的に見て困ったことになると考えている。国際的に注目されているのはソマリアの方であって、少人数であってもそこに出すことが政治的には重要なことと思う。

（「小和田次官の対総理ブリーフ（第四〇回、平成五年二月一日）」）

話を聞いた宮澤は、「そこは自分（総理）もそう思う」と返答する。しばらくして、「カンボディ《ママ》アでなくてアフリカだっていくのだということは良いようなものの、ちょっと、あまり頻度が多すぎませんか」（傍線省略引用者）と別の問題を提起した（同右）。この点、重要度にかかわらず、ソマリア、モザンビークいずれも例外たりえない。

小和田は、法案成立直後ゆえ、PKO派遣に肯定的評価が得られるよう慎重になることに「ありうる」と理解を示しつつも、カンボジアPKOに多くの人員を割《さ》き、他の場所を知らない「マイナス」も考慮に入れるよう説いた。だが、宮澤の脳裏には、外交上の判断はもとより、国民の反応も過《よぎ》っていた。「まあ、外交的には、アフリカのこととなると熱心ではないということになるのは良くないが……《ママ》国民としては、またそっちの方にも行くのですかと、こういうことですかねえ《ママ》」（同右）。

慎重姿勢こそうかがえるものの、今後の対処方針をめぐり、外務省と官邸の足並みは最初から乱れていたわけではない。小和田が、ソマリア、モザンビークをめぐる情勢を一通り説明し、外務省内で状況を睨みながら検討を進める意向を口にしたとき、宮澤は「わかった」（傍線省略引用者）と返答した（同右）。また、二月二日に同様の説明を受けた河野も「はい」と答えている（「小和田次官の対官房長官ブリーフ（第四回、平成五年二月二日）」）。省内での検討作業に限るなら、外務省は官邸からの了承を得られていたわけである。だが、思わぬ事件を機に、事態は錯綜《さくそう》する。

柿沢発言

二月八日、柿沢弘治《かきざわこうじ》外務政務次官が、ジブチ、ソマリア、マラウイ、モザンビーク、南アフリカ視察から帰国した。その足で官邸の河野を訪ね、「モザンビークはＰＫＯ派遣五原則の条件を満たしています。日本も派遣すべきです」と切り出した。しかし河野は、「あなたは報告だけすればよろしい。後は政治判断の問題です」とにべもない（朝日新聞国際貢献取材班編『海を渡った自衛隊』）。

さらに、石原信雄は、次のような河野の発言を耳にしたという。

> ＰＫＯ本部は総理府にあり、本来ＰＫＯは総理の直轄で、外務大臣はいわば受益者だ。その外務〔政務〕次官が政府の了解を取らずに、ＰＫＯ活動に参加すべきだと言うのは

けしからん　（石原『官邸二六六八日』）

口振りは厳しく、取り付く島もない。それにしても、柿沢が、これほど積極的に進言したのはなぜだったのか。外務省の考え方はすでに触れた通りだが、石原はこう述懐《じゅつかい》する。

一方、柿沢〔政務〕次官とすれば、加藤紘一前官房長官が外務省出身だったこと、PKO活動に積極論者だったことなどから、そのへんの空気を念頭において前向き発言をしたつもりだったのでしょう。　（同右）

これまで主に派遣先を検討してきた外務省は、新たな閣僚人事への対応にも迫られていたのである。

国内の調整で難航する日本政府に対し、頻繁に接触を図ってきたのが、国連事務局だった。すでに一月八日、二二日時点で、国連事務局は、ONUMOZの本部中隊と輸送調整部隊への派遣を日本に打診していた。柿沢帰国後も思わしい反応を得られなかった国連事務局は、インド政府の本部中隊への部隊提供に触れながら、二月九日、一〇日に輸送調整部隊への派遣を早期に検討するよう再び外務省に迫った。けれども、官邸の合意を得られない外務省は、依然として沈黙を貫いていた（国連政策課「国連モザンビーク活動への要員派遣に関する経緯」）。

内に関係省庁の説得を、外に国連事務局からの打診を抱えた外務省は、文字通りの板挟み状態に陥っていた。

†宮澤・ガリ会談

こうしたなか、現役国連事務総長のガリが、日本を訪れた。エジプト外務担当国務相や副首相として、過去四度訪日し、日本への関心と造詣《ぞうけい》が深いガリは（神余『新国連論』）、二月一六日夕刻、一時間半にわたる宮澤との会談に臨んだ。宮澤は、ガリに「世界で最も多忙な人物」と敬意を払う一方、カンボジアPKO派遣が日本にとって「困難な決定」であり、引き続き議論が行われていると説明した（外務大臣発在国連大使宛第五五五号「ブトロス＝ガーリ事務総長の訪日（宮沢総理との会談、二－一）」）。一通り宮澤の話を聞き終えたガリは、持論を展開する。

重要なことは、シンボリズムである。〔中略〕日本からも、二名でも二〇名でも監視要員の参加を得られれば、象徴としての意味（symbolic value）を有する。日本の参加の意味は、まさにこの点にある。即《すなわ》ち、国際的なイメージの構築である。日本の参加は、国連が真に国際的な組織であることを実証し、これを強化することに資するのであり、また日本にとっても、日本の利益がアジアに限られているのではないことを示すことが可能となろう。この関連でエルサルヴァドルおよびニカラグアの指導者からも、日本への協力要請があり、今回の訪日の機会に、自分から日本政府に伝達することを約束した件があるところ、かかる観点から検討いただければ有難い（同右）

各国の協力に頼らざるを得ない国連事務総長の立場は、ガリの胸に複雑な心境をもたらしていた。国連が「真に国際的な組織」であるのなら、国名を問わず協力が得られねばならない。だが当然、各国の影響力には差がある。この苦悩は、ガリが宮澤に漏らした言葉に端的に示されている。すなわち、アメリカの影響が大き過ぎると国連が、「国務省ないし国防省の下請人（subcontractor）になり下がってしまう」（同右）。ガリにしてみれば、アメリカ「依存」も、またアメリカ「除外」も、「国際的なイメージの構築」という目的の侵食なのである。

かかる状況を回避するために、アメリカの参加を得つつも、ドイツ、ブラジルと並び、日本の「より一層の関与」を要する（同右）。つまり、日本の参加による「象徴としての意味」とは、一参加国としての役割だけを意味しない。アメリカの影響力の相対化をも意図したものだった。

意外にも、アフリカでのPKOについて、ガリは踏み込んで日本に派遣を求めたわけではない。むしろ宮澤の方から、「なお、貴事務総長は先程、シンボリックな関与の重要性に触れられたが、これはアフリカに関しても同様であろうか」と話を切り出している。意見を促されたガリは、「モザンビークについては停戦合意や紛争当事者の受入れ合意が存在する。また、平和維持のみならず、難民、地雷処理、橋や道路の建設といった分野の協力も求められている」、「ソマリアについては、現地の警察の再建につきイタリア及びドイツに協力を要請している」と応じた。後者はモザンビークにも共通するという（同右）。会談に陪席《ばいせき》した神余に言わせれば、会談でガリは「日本にどうしろとは言っていない」（国連政策課「総理・ブトロス＝ガーリ事務総長会談（国政長ブリーフ概要）」）。

それに宮澤も、湾岸、カンボジアの経験を通じてもなお、慎重な対応を要するのは、新憲法下で教育を受けた多くの日本人にとって「第二次大戦の傷がそれ程深いということである」と述べるにとどまった（外務大臣発在国連大使宛第五五五号）。

こうした宮澤の慎重さは、カンボジア情勢に由来するものでもあった。前章で触れたように、九二年一二月以来、カンボジアでUNTAC要員を対象にした事件が後を絶たず、宮澤はＰＫＯ参加に伴うリスクを改めて認識した。それに、実際の犠牲者発生が「夢想的」な国内世論に与える衝撃が大きいと考えられる以上（同右）、ガリへの返答に慎重にならざるを得なかったのである。

会談後も宮澤の意志が固まらないなか、今度はモザンビークに政府調査団が派遣されることになる。小西正樹《こにしまさき》外務省国連局審議官以下八名が、三月四日に成田を発った（「モザンビーク調査団報告書」）。

国際競争の到来

政府調査団の派遣は、国連にとって明らかに歓迎できないものだった。河野が外務省に調査団の派遣を指示したのは、二月二二日のことである。それから二日後、コフィ・アナン（Kofi Atta Annan）ＰＫＯ担当国連事務次長補は、「調査団を派遣してから対応を決定することとなったのは残念であり、輸送調整部隊については早期の展開が必要なので他国に打診せざるを得ない」と外務省に連絡している。そして、ガリの指示のもと、アナンは日本に軍事監視要員の派遣という「象徴的参加」を求めるようになった（国連政策課「国連モザンビーク活動への要員派遣に関する経緯」）。

アナンを落胆させた輸送調整部隊の早期展開をめぐる問題は、日本に思わぬ波紋をもたらした。調査団が視察を終えた一五日、バングラデシュ政府が国連に輸送調整部隊の派遣を正式に申し入れた結果（同右）、官邸の説得に手を焼いていた外務省は、一転して派遣部門をめぐる国際競争にも晒されたからである。この点は、国連日本政府代表部が国連事務局に確認済みで（国連政策課「ＯＮＵＭＯＺへの我が国の協力（調査団帰国後の対応戦略）」）、バングラデシュ政府が辞退でもしない限り、輸送調整部隊参加の申し入れは断念が濃厚となってしまった。

瀬戸際に追い込まれた外務省であったが、ＯＮＵＭＯＺ輸送調整部隊参加への望みを捨てていなかった。三月一七日、神余は、伊藤防衛政策課長に連絡し、「無理のない範囲でネゴを行い我が国の何らかの参加の可能性を確保する」と伝えると同時に、輸送調整部隊四五名の「一部を日本が分掌《ぶんしょう》する（例えば、地方司令部の一つを担当）」というバングラデシュとの協力構想を提案する（国連政策課「国連モザンビーク活動に対する今後の対応（部隊参加問題）」）。けれども、連絡を受けた伊藤は、「防衛庁内では内局も陸幕も部隊の参加の可能性は無くなったとの雰囲気である」と告げ（同右）、こう異を唱えた。

> 輸送調整部隊に限らず部隊参加は all or nothing で考えるべきものであり、他国の部隊の指揮の下に一部を分任することは feasible でもなく、適切でもない。四五人の部隊の

内、五〇：五〇という混成比率は部隊では有り得ず、そうであるなら我が国参加人員は五〜一〇名となろうが、その場合中隊全体の指揮はバングラがとることになる。バングラの中隊長——恐ら《ママ》く少佐程度——の下で地方の一か所を分掌するとすれば、その場合の日本のグループの長はせいぜい一尉か二尉であり、そのようなランクの者に責任を負わせる訳にはいかないし、またその様《ママ》な形でバングラの指揮を受けるのでは日本のグループの士気の高揚にもつながらず最も避けたいオプションである。ユニフォームサイドはこの様《ママ》なアイデアには反対するであろうことは明白である。（同右）

防衛庁内局の課長として、部隊編成などを担う伊藤には、神余が提起したバングラデシュとの協力構想は、何らかのメリットを見出せるどころか、デメリットばかりが目にとまったのである。

ただし、一五日以降、外務省は国連事務局ハイレベルに接触し、バングラデシュが辞退しなくとも日本の受け入れは可能との言質を得ていたから（国連政策課「国連モザンビーク活動への要員派遣に関する経緯」）、残る懸案は自衛隊の参加方式に他ならない。その後の外務省と防衛庁の接触について、現在秘密指定解除されている外交文書からは杳《よう》として知れない。だが、北部の輸送調整をバングラデシュ軍が担い、南部と中部のそれを自衛隊が担当したという事実に鑑みるなら（防衛庁編『平成五年版　防衛白書』）。「モザンビーク国際平和協力業務の実施の結果」）、「人数の分掌」ではなく、「地域の分掌」によって、神余が提示した協力構想も、また伊藤が懸念を示した他国指揮下での「分任」回避も、なんとか結実したといえよう。

政府調査団報告の波紋

奇しくも、神余と伊藤が意見を交わした三月一七日は、帰国した小西をはじめ、石原、柳井、渋谷《しぶや》治彦《はるひこ》国連局長、畠山蕃防衛庁防衛局長らが官房長官室の河野を訪ね、報告書要旨に従って説明した日でもある。石原が輸送調整部隊を「荷物の手配師のようなもの」と形容し、「自衛隊が行って役に立つのか、イメージ的には自衛隊の活動と合わない」と発言すると、河野は「（冗談ぽく）左川《ママ》急便にでも頼んだらどうか」と皮肉を交え、「報告書の中身としてはこんなところで良いであろう」と告げた（国連政策課「モザンビーク調査団の河野官房長官に対する報告（メモ）」）。

調査の結果は、斎藤《さいとう》邦彦《くにひこ》外務審議官らから後藤田正晴法相にも伝えられている。第一章で論じたように、中曽根政権下でペルシャ湾派遣に異を唱えた後藤田は、ＯＮＵＭＯＺに対しても同様の姿勢を崩さなかった。後藤田が「調査団は真面目に見てきたのか。ぶらぶら行ってきただけではないのか」と石原以上に辛辣に切り出すと、斎藤は「とんでもありません。きちんと見てきております」と反論、報告書の要旨を手交する。そのうえで、五原則を満たし、モザンビーク現地から期待表明があるなどと畳み掛けた（「モザンビーク調査団（後藤田法務大臣への説明）」）。そこに小西も加わり、最大の争点たる自衛隊の役割へといよいよ突入する。

（外審）〔停戦監視要員は〕自衛隊員で、個人参加である。輸送調整部隊については、総員四―五〇名で構成され、港や空港で到着した人員や物資のコントロールに当たる。いわば空港の管制塔のような役目を果たすことになっている。

（大臣）そのような役割なら何故自衛隊でなければいけないのか。自衛隊でいえば何部隊か。例えば、歩兵部隊とか、機甲部隊とか。

（審議官）具体的に自衛隊のどの部隊に対応しているのかについては必ずしも判然としない。

（大臣）その位の調査もしていないのか。どういう部隊が行けば良いか分からないようでいいのか。大体外務省は最初からこの話をルーティーンのようにとり違えている。本件はそもそもルーティーンとは違い、自衛隊の海外派遣という憲法の制約の中で判断を迫られる重大な問題である。それを外務省は、部隊を出すのに問題はないとして積極的に押し進めようとしているが、これはハードルを一つ一つ、なし崩しにしようとするもので、そのようにして行けると思うのは間違いだ。（同右）

結局、後藤田は斎藤らの説明に納得しなかったばかりか、「自分（中略）としては、停戦監視までだな」と言い残している（同右）。あとは官邸の判断に委ねられた。

三月二二日、河野は正式に報告書を受け取ると、「説明を多とする」と述べ、二四日を目標に宮澤の判断を仰ぐと返答する。だが、河野の反応はこれで終わらなかった。斎藤ただ一人を呼び止め、官邸の最終決定まで「コメントがましいことは一切出さないよう厳重に注意してもらいたい」と指示を出す（アフリカ第二課他「モザンビーク調査団（河野官房長官への説明）」）。外務省の動きに神経を尖らせ、柿沢発言に激怒していただけに、河野は牽制《けんせい》したのである。

もともと河野の考え方は、カンボジアPKO派遣終了後の参加である。だが、次第に閣内で旗色が悪くなり、調査団派遣に基づく検討を指示したのだった（河野『日本外交への直言』）。その調査団報告書でONUMOZが五原則を満たし、展開が遅れていると明らかになるや（「モザンビーク調査団報告書」）、首相に判断を一任されていた河野は、周囲にこう漏らすほど追い詰められていた。「円形脱毛症になりそうだよ」(朝日新聞国際貢献取材班『海を渡った自衛隊』)。

そこで河野は、宮澤、渡辺、後藤田、梶山静六幹事長らに意見を求めるようになる。後藤田は首相の政治判断の重要性を説き、梶山は消極的だった。ところが、報告書に目を通した宮澤は「派遣してもいいんじゃないか」と前向き姿勢に転じた(同右)。

河野自身によれば、最後は宮澤の判断でONUMOZ参加を閣議決定したという。宮澤から「ここまで慎重に検討してきたのだから、もういいだろう」と告げられた河野は、「さすがに内心で落胆した」と自著に記している(河野『日本外交への直言』)。皮肉にも、その閣議で派遣準備開始を告げる役回りを務めたのが、河野であった(防衛庁「国連モザンビーク活動にかかる防衛庁の準備状況について」)。自身の胸の奥では、どこか割り切れなさを抱えていたのだろう。

†環境整備——ONUMOZへ

モザンビークPKOへの派遣が現実味を帯びる一方、ソマリアPKOは重大な曲がり角にさしかかっていた。相次ぐ暴力、殺害事件を目の当たりにしてきた国連安保理は、三月二六日に決議八一四を採択、憲章第七章下での武力行使も辞さないUNOSOMⅡ設置をついに決定する（S/RES/814）。

決議八一四の採択後、日本政府の判断は派遣不可へと傾いていた。三一日の参議院で、宮澤はこう答弁している。

重火器を持って場合によっては戦闘行動に入ることも、これは人道上の立場でしょうが、やむを得ない、こういうのがこのたびのミッションであるといたしますと、国際平和協力法の規定によりまして我が国はそれに参加することはできないと考えます。

（「第百二十六回国会参議院予算委員会会議録第十二号」一九九三年三月三一日）

これまで宮澤は、慎重姿勢こそみせるものの、公に判断を下してはいない。ところが、軍事的強制措置を伴うUNOSOMⅡが誕生するに至り、一転して事実上の断念を表明したのである。リドリー・スコット（Ridley Scott）の『ブラックホーク・ダウン（Black Hawk Down）』（二〇〇一年）が映した情勢悪化を待つまでもなく、ソマリアPKOへの道程は閉ざされたのだった。

UNOSOMⅡとは対照的に、ONUMOZをめぐっては、派遣準備が着々と進んでいた。その最たるものが、大使館設置である。元来、公館新設・再開時には、ホテルに事務所を構えるケースが多く、モザンビークもその例に漏れない。日本人要員離任後に引き上げるという形で、首都マプトのホテルの会議室を借り上げるとした（外務省中近東アフリカ局「在モザンビーク大使館の設置について」）。ただ、かかる支援体制の構築は、より積極的な意図が込められたものでもあった。

アフリカに於《お》ける国連PKO活動は、〔中略〕アンゴラを始め、ソマリア、モザンビーク、西サハラ等我が方出先公館が無いケースがあり、又、国連PKO活動がかかる地域で行われることが多い事を考慮すれば、我が方としてもこれらのケースに対応すべく徐々に経験を積み重ねることが肝要であり、この意味からもモザンビークは、格好の舞台になるのではないかと考えられる。（「（メモ）」）

アフリカ大陸でのPKO参加実績に乏しく、「出先公館」も多くない現況にあって、モザンビークは一種のテストケースとされていたのである。

このように環境整備が進展した四月二三日、国連事務総長からの正式要請がついに日本に接到する。同口上書は、日本から（一）司令部業務分野五名、（二）人員、装備品など輸送調整業務分野四八名の計五三名の派遣を求めるものだった（国連代表部丸山大使発外務大臣宛第二三〇二号「ＯＮＵＭＯＺへの要員派遣（正式要請書）」）。日本政府は口上書の人数を了承し、二七日午前、実施計画などの閣議決定に踏み切っていく（「モザンビーク国際平和協力業務実施計画」一九九三年四月二七日）。

同日中にも、宮澤から中山利生《なかやまとしお》防衛庁長官に派遣要請が出されたのち（国際平和協力本部長発防衛庁長官宛第三〇七号「モザンビーク国際平和協力業務の実施について」）、自衛隊はモザンビーク入りを果たす。ところが、モザンビークで自衛隊を待ち構えていたのは、予期せぬ過酷な環境であった。日本国内では、小規模の部隊に対し、国連から食糧補給、給食支援が実施されると解されていたため（中澤香世「モザンビークでの成功経験を生かせるか」）、日常生活に不可欠な器材の携行が見送られている。いわゆる「人だけの派遣」である。その埋め合わせとして、ポルトガル軍から長期間の支援を受けざるを得ないという自己完結性の欠如を招き、活動の根幹たる生活面が揺らぐことになる（関はじめ他『ＰＫＯの真実』）。

そもそもそれは、輸送調整部隊が出国した五月初旬に（「モザンビーク国際平和協力業務の実施の結果」）、カンボジアで不帰の人を出し、モザンビーク派遣に対する「世間の注目度も低かった」だけでなく、宮澤内閣が忙殺されていたからでもある（関他『ＰＫＯの真実』）。カンボジアＰＫＯ参加をめぐる議論が熱を帯びるほど、モザンビークＰＫＯ参加をめぐる議論が陰に隠れるという結末が派遣された自衛隊を待っていた。

およそ一年九カ月、モザンビーク南部と中部に派遣された自衛隊の経験は（「モザンビーク国際平和協力業務の実施の結果」）、同一政権下、かつ同時期に異なる国家でPKOを成し遂げる困難さを物語るものだったのである。

第五章

戦後最長派遣
――連立政権とゴラン高原

首相官邸にて、中東・ゴラン高原のPKOへの自衛隊派遣を正式決定する閣議に臨む村山富市首相（中央）、河野洋平外相（左）ら（1995年8月29日、ⓒ共同通信）

†非自民連立政権の誕生

モザンビークでの自衛隊の活動が緒に就いた一九九三年六月、日本政治は歴史的転換期に差し掛かっていた。政治改革関連法案の扱いをめぐって、国会では宮澤内閣不信任決議案が賛成二五五、反対二二〇で可決（「第百二十六回国会衆議院会議録第三十四号（一）」『官報号外』一九九三年六月一八日）、宮澤喜一首相は七条解散へと舵を切っていく（石原信雄回顧談編纂委員会編『石原信雄回顧談』）。ほどなく自民党は野に下り、五五年体制が崩壊する。

日本新党の細川護熙《ほそかわもりひろ》代表を首班に据え、社会党、民社党、公明党、新生党、新党さきがけ、社会民主連合、民主改革連合（参院会派）の八党会派で構成された非自民連立政権は、一九九三年八月九日に正式発足を迎える（平野貞夫『平成政治二〇年史』）。それでは当時、歴代最高の内閣支持率七一％を記録した細川政権は（『朝日新聞』一九九三年九月八日）、日本のPKO政策をどう描き出していたのか。

自著『日本新党』のなかで、細川は当面の国際協力として資金・人材双方でのPKO参画を掲げる一方、法制整備と専門組織「PKO協力隊」（仮称）創設を打ち出している。とくに後者に関しては、自衛隊と「別個」の位置づけである。このような政策構想を掲げた背景には、設置目的が自衛に限定されてきた「自衛隊を無理に援用したため、協力の範囲を極限するなど、国際貢献の実をあげることのできないものに止まっている」という細川の認識があった（細川護熙編『日本新党』）。

けれども、国会審議でいざ「PKO協力隊」の中身を問われると、細川は「自衛隊そのものの別組織化論」と繰り返し、「自衛隊の中にPKOの部隊をまた別に置くべきであるということ」と返答する。そして、「まあ、中か、外か、その辺の議論はいろいろ私も詰めたわけではございません」と煮え切らない（「第百二十八回国会衆議院予算委員会議録第三号（刷換分）」一九九三年一〇月五日）。

内閣官房長官を務めた武村正義《たけむらまさよし》によれば、外交案件につき「基本は自民党政権の外交政策を継承する」と決め、会派での対立を避ける「連立の保身」もあったという（御厨他編『聞き書　武村正義回顧録』）。だが、PKOなど具体案となれば話は別である。社会党は自衛隊と異なる「別組織」に拘り、民社党、新生党は細川案以上に踏み込んだ措置を提唱した（『日本経済新聞』一九九三年八月八日）。前者はPKF本体業務凍結解除を求め、後者に至っては、PKO訓練センターの日本誘致を訴えたほどだった（同右。草野『連立政権』）。自民党外交の継承では、糊塗し難い溝が残されていたのである。

このような状況に異を唱えたのが、下野《げや》した自民党であった。かねてより自衛隊を違憲としてきた社会党の連立入りには、自民党から「大矛盾」などの声が相次いだ（「第百二十八回国会衆議院予算委員会議録第三号」)。政権交代後のＰＫＯ論議は、早くも紛糾していた。

†クロアチア国連保護軍

政党政治と同様に、戦後長らくＰＫＯ政策に携わってきた外務省国連局も転機を迎えていた。「湾岸のトラウマ」を背景に設置された「外交強化懇談会」(瀬島委員会)が「総合政策局(仮称)」創設を打ち出して以来(外交強化懇談会「外交強化懇談会報告」)、省内では機構改革が進められてきた。最終的に「森羅万象を取り扱っている」国連局を組み込む案で省内がまとまり、一九九三年八月、ようやく総合外交政策局が誕生する(五百旗頭他編『外交激変』)。のちのＰＫＯ政策を司る横断型組織が、ここで形成された。

総政局発足後の一〇月、クロアチア国連保護軍(ＵＮＰＲＯＦＯＲ：United Nations Protection Force)機械歩兵大隊(工兵中隊を含む)への派遣要請が国連から届いた(波多野大使発外務大臣宛第六一八九号「ＵＮＰＲＯＦＯＲ(クロアチア)への派遣要請」)。ＰＫＯへの部隊派遣が思わぬ形で浮上したものの、外務省欧亜局東欧課では、「戦闘は次第に頻繁かつ激烈になりつつあり、情勢不安定化の兆候。他方、目下セルビア人地域問題(クロアチア共和国における同地域の地位)解決へ向けての交渉開始の見通しなき状況」と評されている(東欧課「最近の旧ユーゴー情勢」)。クロアチアについては、派遣への道筋が付けられない環境だったのである。

加えて、機械歩兵大隊の任務の内容についても、外務省は憲法、国際平和協力法の枠内で行われるのか、あるいは国内法を逸脱するのかで頭を悩ませ、次第に後者へと傾いていく。なぜなら、クロアチアＵＮＰＲＯＦＯＲ参加が、国際平和協力法附則第二条で凍結されたＰＫＦ本体業務に抵触しかねず、省内決裁、各省協議、官邸決裁を要するものだったからである（国連政策課「ＵＮＰＲＯＦＯＲ（クロアチア）への派遣要請（予定稿）」）。

ほどなく、クロアチアへの派遣を「困難」と断じた外務省は、同件を鈴木《すずき》勝也《かつなり》総理府国際平和協力本部事務局長から官邸の石原に説明することを了承する（「ＵＮＰＲＯＦＯＲ（クロアチア）への派遣要請に対する当省の対処方針について」）。それでは、総理府国際平和協力本部事務局は、クロアチアＵＮＰＲＯＦＯＲをどう捉えていたのか。

（一）一九九三年一〇月一九日付国連事務総長発日本代表部宛口上書にて、ＵＮＰＲＯＦＯＲに対する一工兵中隊を含む一機械化歩兵大隊派遣の要請あり（クロアチアのＵＮＰＲＯＦＯＲの強化を目的。〔黒塗りで不明〕）。

（二）歩兵大隊の業務の実施は、基本的に、国際平和協力法（附則第二条）における、いわゆる凍結規定に抵触する可能性大と考えられる。

(三)また、上記二の現状に鑑みれば、クロアチア和平のプロセスは極めて不明確であり、現時点で、国際平和協力法上の停戦の合意等の原則が満たされ得るかについても疑問なしとしない。

(四)以上のような点を踏まえれば、今次要請については、国連側に対し、「我が国国際平和協力法との関係を含め総合的に検討した結果、派遣は困難である」旨回答することが適当と考えられる。

(注)

UNPROFOR関係の安保理決議には、憲章第七章(平和に対する脅威、平和の破壊及び侵略行為に関する行動)に言及しているものがある。

(国際平和協力本部事務局「UNPROFORへの派遣要請に対する対応について」)

総理府からしても、クロアチア情勢、UNPROFORの任務内容いずれにせよ国内法上そぐわないと解されていたのである。

クロアチアUNPROFOR参加要請に限るなら、細川や石原の判断を待つまでもなかったのであろう。かかる判断は一一月二二日時点で国連日本政府代表部に送られ(外務大臣発在国連代大使宛第四一二一号「UNPROFOR（クロアチア）への派遣要請」）、二六日、山本《やまもと》条太《じょうた》一等書記官が口頭でUNPROFOR側に伝達し、理解を得たのだった（波多野大使発外務大臣宛第七五四六号「UNPROFOR（クロアチア）への派遣要請」）。

†マケドニア予防展開

クロアチアをめぐる議論が一応の決着をみると、今度は現役国連事務総長一行が日本を訪れた。細川の日記によれば、一二月二〇日に迎賓館《げいひんかん》和風別館でガリらと会談し、こう説諭《せつゆ》されたという。「常任理事国になるとPKO活動や軍事的貢献の義務を負うことになるのではないかとの議論を聞くが、これは全く無関係の話であって、国連の利益のためにも日本の参入を願う」。外務省は折に触れて安保理常任理事国入りを官邸に促してきたし、そこにガリ直々の言も重なったわけだが、それでも細川は揺るがなかった。彼の考え方は、自ら積極的に選挙運動はしない。さりとて、他国から推挙されれば吝《やぶさ》かではないである。しかも当面の課題には、国連改革の先行を据えていた。本人が認めるように、これは田中《たなか》秀征《しゅうせい》首相特別補佐の考えと完全に一致するものであった（細川護熙『内訟録』）。

他方、ガリは、新規のPKO派遣を要請していない（同右）。だが、それを待つまでもなく、外務省総政局は次なる一手を描き出そうとしていた。総政局が作成した文書には、同じＵＮＰＲＯＦＯＲであっても、クロアチア、ボスニア・ヘルツェゴビナとマケドニアを明確に線引きし、捉えんとする箇所が散見される。

・ボスニア、クロアチア《ママ》マケドニアについて夫々《それぞれ》法律的検討を要する。

・ボスニア、クロアチアは五原則停戦合意に問題あり。

〔黒塗りで不明〕

・マケドニアについては予防展開としての派遣となり、〔国際平和〕協力法上の解釈をクリアする要あり。（国連政策課「現在展開中のＰＫＯの現状と我が国よりの参加の可能性」）

マケドニア以外のＵＮＰＲＯＦＯＲに関与しようとすれば、どうしても国際平和協力法改正、ないし新法作成が求められ、世論形成から国会論戦まで長期的で膨大なプロセスを避けられない。予めクロアチア、ボスニアを除き、マケドニアのみに焦点を絞り込むことにより、総政局は現行法での派遣に一縷《いちる》の望みを託そうとしたのである。

そこで一九九四年一月一七日、団長の柳井俊二総政局長をはじめ、外務省の調査団がマケドニアを訪れ、帰途ブダペストでの記者会見に応じた。柳井が「検討する価値はあるのではないか」との見解を示すと、それが『朝日新聞』に掲載され、政府内に波紋を呼ぶ。

その検討対象として柳井が口にしたのが、自衛官をマケドニアUNPROFORの軍事監視要員として派遣する案だった。当時、マケドニアまで紛争が及んでおらず、予防展開にとどまっていたからである(五百旗頭他編『外交激変』。『朝日新聞』一九九四年一月一七日夕刊)。「PKO参加「5原則」という縛りはあるけれども、予防展開というのは僕は派遣するにはいちばんいいケースだと思った」柳井だったが(五百旗頭他編『外交激変』)、彼の言動は官邸との齟齬を浮き彫りにした。柳井の帰国報告を官邸で受けた武村は、外務省に慎重な対処を指示しただけでなく、会見の場で「マケドニアにPKO〔要員〕を派遣するという政府の考えはない」とまで言い切った(『朝日新聞』一九九四年一月一九日夕刊)。以来、総政局は官邸を説得できぬまま、やがて政権は羽田孜《はたつとむ》へと引き継がれていく。

†ゴラン高原へ――カナダ政府との接触

UNPROFOR参加が取り沙汰されていた一九九三年末、中東のゴラン高原は一つの転期を迎えていた。国連兵力引き離し監視隊(UNDOF:United Nations Disengagement Observer Force)の一翼を担ってきたフィンランド歩兵部隊(停戦監視担当)が財政難で撤退すると、ポーランド、カナダのロジ部隊がその穴を補塡《ほてん》することになる。派遣「可能」(傍線削除引用者)、「参加五原則をみたす典型的なPKO。危険も少ない」とみた総政局は、ここに「我が国の入り込む余地あり」と考えるようになっていた（国連政策課「現在展開中のＰＫＯの現状と我が国よりの参加の可能性」）。

ＵＮＤＯＦが他省庁も交えて本格的に扱われるのは、一九九四年四月以降のことである。今度は総理府国際平和協力本部事務局が、外務省、防衛庁と協議し、官邸の了解を得、局の参事官をカナダに出張させている。四月一一日から一二日にかけ、カナダ政府との意見交換を実施した際、日本がカナダ後方支援部隊の一部機能を引き継ぐという提案がもち上がった。かねてより、在カナダ日本国大使館がカウンターパートと接触するなか、内々の話とされてきたのが同案だった（国際平和協力本部事務局「「国連兵力引離し監視隊（ＵＮＤＯＦ）」に対する自衛隊部隊等の派遣に関する検討について」、総理府国際平和協力本部事務局鈴木発外務省広瀬他宛ＦＡＸ送信状「「ＵＮＤＯＦ」」）。これまでＵＮＤＯＦへの派遣は、村山自社さ連立政権のＰＫＯ参加実績として知られてきた。だがそれは、点描《てんびょう》であり、結果論に過ぎない。社会党首班政権誕生を待つまでもなく、ＵＮＤＯＦをめぐる議論はすでに幕開けしていたのである。

なお、カナダ部隊が担当していた後方支援業務とは、食料品等の輸送、通信管理、装備品等の補給・整備など多岐にわたる。任期は原則六カ月、人事ローテーションは三カ月毎で、カナダは二一一名の部隊をすでに送り込んでいた（国連政策課「ＵＮＤＯＦ（国連兵力引き離し監視隊）の概要」、「「国連兵力引離し監視隊（ＵＮＤＯＦ）」に対する自衛隊部隊等の派遣に関する検討について」）。

自衛隊が担う業務内容と直結するのが、根拠法との関係だろう。なかんずく問われるのが、国際平和協力法上の位置づけである。それでは、総理府国際平和協力本部事務局は、ＵＮＤＯＦをどう分析していたのか。

（一）ＵＮＤＯＦはいわゆる伝統的な国連平和維持活動のひとつ。二〇年近くの歴史もあり、特段の敵対行為等も発生していない状況下で安定した活動を現在実施している。

（二）国際平和協力法との関係、現地状況等について特に問題があるとは認識していない。（段落間の空欄削除引用者）

（国際平和協力本部事務局「「国連兵力引離し監視隊（ＵＮＤＯＦ）」に対する自衛隊部隊等の派遣に関する検討について」）

「伝統的な国連平和維持活動」とは、紛争当事者の同意を得、中立性を保ち、武力行使が自衛目的に限られたＰＫＯを指す（井上実佳「国際平和活動の歴史と変遷」、上杉勇司他編『国際平和協力入門』）。ＵＮＤＯＦ参加を見据えた場合、その設置形態ばかりか、取り巻く環境も参加五原則に適《かな》うと考えられていたのである。

ＵＮＤＯＦの分析を深める傍ら、総理府国際平和協力本部事務局は、官邸へのアプローチにも乗り出していった。ＵＮＤＯＦ参加をめぐる現状、および今後の取り進め方について、局長の鈴木が羽田に説明したのは、五月三〇日のことである。説明の詳細は黒塗りで伏せられているが、羽田は鈴木の説明を了とした（「ＵＮＤＯＦ後方支援部隊への我が国の参加（羽田総理及び熊谷官房長官への説明）」）。国際平和協力法との関係、羽田の反応からしても、ＵＮＤＯＦは日本に親和的なＰＫＯ派遣先に違いなかった。

†死傷者数の調査

とはいえ、ＵＮＤＯＦ参加に政府が全く懸念を抱いていなかったわけではない。その典型例として、ＵＮＤＯＦ要員の死傷者数が挙げられよう。翌九五年一月、外務省中近東アフリカ局長に就任する法眼健作《ほうげんけんさく》の証言が、その一端を物語る。

ＵＮＤＯＦへの参加はずっと前から検討されていたことですが、その過程で日本側はＵＮＤＯＦサイドにいろいろな質問をするわけです。「今までＵＮＤＯＦ隊員は何人死んでいるのか」、「死んでいる理由は何か」などです。死んだ人は四、五人で、戦闘行為ではなく、自動車事故とか、車が木にぶつかって死んだとか、そういう話です。コンバットで死んだケースは一つもない。そのようなことをUNDOFに何回も聞きに行ったようです。（法眼健作『元国連事務次長 法眼健作回顧録』）

たしかに、法眼の局長就任以前から外務省は死傷者数調査に着手していたが、それはUNDOF以外のルートにも及ぶものであった。その一つが、国連事務局である。たとえば一九九四年六月二日、ニューヨークの国連代表部は同事務局から追加情報を入手し、外務本省に手書きで報告している。その内容によれば、死亡者数三六名（六月二日時点）、敵対行為にUNDOF要員が巻き込まれた事件はないという。けれども、死亡原因のうち、交通事故以外の事故が何なのかを裏付けるデータまでは得られていなかった。また、負傷原因も同様に判然としない（小和田大使発外務大臣宛電信第三〇五七号、FAX信「UNDOF（要員の死しょう《ママ》者数）」）。

これほど死傷者数に敏感になりながらも、UNDOF参加の検討が継続的に重ねられてきたのはなぜだったのか。その理由をカナダ政府からの働きかけのみに求めるのは、いささか安易に過ぎよう。そもそも、九四年五月の時点で国連から非公式の打診が寄せられていたし（外務大臣発在国連大使、総領事宛電信第一五一〇号「PKO（わが国の協力の可能性）」）、何より日本政府の意図も等閑視《とうかんし》できない。それをわれわれの眼前に映し出すのが、日加間の実務者協議であった。

†日加協議――複数の意図

六月六日、七日、カナダ国防省で日加協議が開催された。四半世紀を経た現在でも、この協議内容の多くはブラックボックスに秘められたままである。しかしながら、一部重要な点が開示されている。公電によれば、日本からは、貞岡義幸総理府国際平和協力本部事務局参事官を筆頭に、外務省、防衛庁一行がカナダとの協議に臨んだ（中平大使発外務大臣宛電信第七六五号「日加PKO協力（UNDOF／加との協議、二の一）」）。カナダ側の説明に対し、貞岡はこう口を開いた。

（サダオカ参事官）（中略）わが国としては、PKO活動に対する人的こうけん《ママ》を継続し、UNTAC、ONUMOZへの部隊派遣の実績により生じたモメンタムを確保するとの見地より、UNDOFロジ部隊への参加を次なるPKO参加の一つのこう《ママ》補として考えている。（同右）

総理府国際平和協力本部にとって、ＵＮＤＯＦ参加とは、「実績積上げ」の一環でもあった。カンボジア、モザンビークでの経験を経て、せっかく日本で盛り上がってきた機運を喪失したくはなかったのである。

これとはやや別の角度からＵＮＤＯＦ参加に意義を見出していたのが、防衛庁・自衛隊だった。防衛庁から日加協議に出席した五名のうち、唯一内局に属していたのが（残り四名は陸幕）、河村延樹《かわむらのぶき》防衛局防衛政策課政策第二班長であった（防衛庁「カナダ派遣調査団メンバーについて」）。河村自身は、防衛政策課配属以前、在カナダ日本国大使館に出向し、国防省でＰＫＯの調査・研究に従事した経験をもつ。その河村は、これまで自衛隊が参加したＵＮＴＡＣ、続くＯＮＵＭＯＺを「行政復興型のＰＫＯ」と呼び、ＵＮＤＯＦを異なるタイプに括ってみせる。すなわち、和平の成立を維持するため、対立国の狭間で停戦監視業務などを担う「典型的なＰＫＯ」だというのである。日本がＰＫＯの「基礎」を学習する舞台としての意味合いが、ＵＮＤＯＦ参加には込められていた（河村延樹「ＵＮＤＯＦ自衛隊派遣の舞台裏」『Securitarian』）。河村の理解に従うなら、自衛隊のＰＫＯ参加は、「応用」から入ったともいえよう。

河村の考えは、もう一つ挙げられる。すでに触れたように、日加間の議論の焦点は、もともと後方支援業務の引継ぎに置かれていた。しかし協議が進むうち、日本はカナダ側から司令部業務参加への支持も得ている（国際平和協力室「ＵＮＤＯＦ参加に関する日加協議」）。ＵＮＤＯＦ司令部に自衛官を派遣する理由について、河村は次のように論じている。

防衛庁としては司令部要員の派遣にこだわったのですが、この背景としては、幹部自衛官が現地の業務全体を見渡す経験を司令部勤務を通じて積むことにより、自衛隊の組織として、ＰＫＯのノウハウの蓄積ができるのではないかと考えたことがあります。もちろん、国際社会の現場において、実際に外国の部隊とともに活動を行うことは、国際感覚の涵養《かんよう》といったことも含めて最良の訓練の一つになるわけです。

（河村「ＵＮＤＯＦ自衛隊派遣の舞台裏」）

ＵＮＤＯＦ司令部への参画は、自衛隊の能力開発を促す好機だったのである。グローバル、かつ連続的なＰＫＯ参加実績を重んずる総理府国際平和協力本部に対し、防衛庁は自衛隊のスキルの向上を目指していた。前者がマクロ、後者がミクロの観点からＵＮＤＯＦを捉えていたともいえよう。

日加協議開始も束の間、羽田政権は足下から瓦解《がかい》しようとしていた。政権運営の在り方をめぐり、折から社会党と意見が食い違ってきた小沢一郎は、統一会派「改新」を立ち上げる。露骨な与党第一党外しを前に、業《ごう》を煮やした村山富市《むらやまとみいち》日本社会党委員長は連立からの離脱を決断、羽田政権の議席は過半数を大きく割り込んでしまう。六月下旬、羽田は内閣総辞職に踏み切り、在任期間わずか六四日の短命政権として歴史に名を刻んだ（宮城大蔵『現代日本外交史』。草野『連立政権』）。政界再編に翻弄され、UNDOF参加問題は、自社さ連立政権誕生後に持ち越しとなる。

公明党衆議院議員団の申し入れ

羽田の退陣表明後の六月三〇日、村山を首班とする自民、社会、新党さきがけの連立政権が発足した。片山哲《かたやまてつ》率いる連立政権が一九四七年五月に誕生して以来、実に四七年ぶりの社会党首班内閣の誕生である（原彬久『戦後史のなかの日本社会党』）。かつては、「水と油の関係」とも評された自社両党が、同一内閣を形成するに至った。

組閣前日に作成された合意事項で、連立与党は今後の方針をこう確認している。

自衛隊と日米安全保障条約を維持し、近隣諸国間の信頼醸成活動に力を入れつつ軍縮を進める。日本国憲法は、国連による普遍的安全保障を理念としていることを認識し、世界の平和とわが国の安全保障を確保するため、国連の平和維持活動に積極的に参加する。国連の平和維持活動（PKO）については、PKO派遣《ママ》原則のもと、憲法の範囲内で協力する。（日本社会党他「新しい連立政権の樹立に関する合意事項」、久保亘『連立政権の真実』）

少なくとも、「非武装中立」を掲げてきた社会党が、自衛隊のPKO協力を拒まない以上、UNDOF参加の余地は残されていたわけである。

ただ、日本のPKO参加を模索していたのは、連立与党だけとは限らない。なかでも積極的だったのが、野《や》に下《くだ》った公明党である。八月九日から二〇日にかけて、若松謙維《わかまつかねしげ》（団長）、赤羽一嘉《あかばかずよし》、富田茂之《とみたしげゆき》、谷口隆義《たにぐちたかよし》がクロアチア、マケドニア、イスラエルなどを視察し、道すがらゴラン高原へと向かった。彼らは、イスラエル側停戦ラインに位置するUNDOFカナダ部隊駐屯地を日本の国会議員として初めて視察し、ローマン・ミズタル(Roman Misztal) UNDOF司令官（ポーランド）からの要望を耳にする。その第一が、日本のPKO参加であり、第二が、日本政府による現地調査員の派遣であった。ミズタルはまた、そのための資料作成に着手しており、一〇日以内の送付も可能と四人に伝えたのである（外務大臣発在オーストリア、イスラエル大使、総領事宛FAX信「公明党議員団の旧ユーゴー、イスラエル等視察」）。

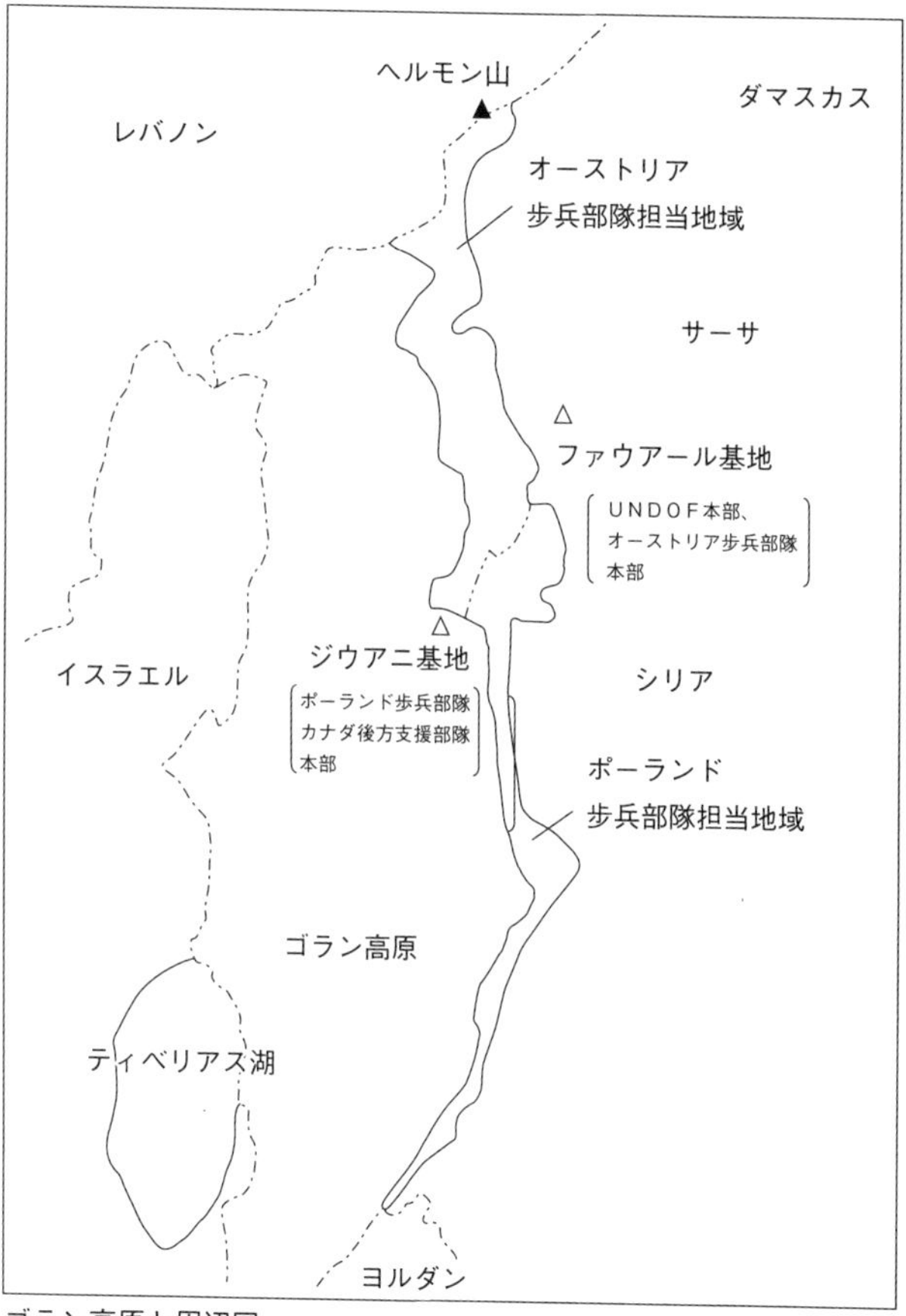

ゴラン高原と周辺国
出典：「政府 UNDOF 調査団報告書」1995年4月20日（2017-00297）を修正。

なお、同じイスラエル側停戦ライン上には、UNTSOからの部隊も派遣されていた。オーストラリア、ニュージーランドから各一名ずつ、非武装の要員が、停戦監視業務を務めていた。公明党議員団は、UNTSOの部隊から「いままでに危険を感じたことはない」と伝えられたという(同右)。

帰国後、現地調査に携わった四人は、八月二二日付で村山に申し入れを行っている。その前提として、公明党議員団は、PKOをはじめ、日本の国際協力が不十分であると断じた。そして、ゴラン高原PKOの箇所では、ミズタルから日本へのUNDOF参加要請に触れたのち、一一月交代予定のカナダ部隊が担う後方支援参加につき、「早急かつ積極的に検討決定する」よう提言したのであった(若松謙維他発村山富市宛「旧ユーゴ問題及び中東和平交渉に関する日本政府の国際協力の申し入れ」)。

かくして、ゴラン高原PKOの現状は、野党のルートから村山へと伝わった。けれども、UNDOF参加問題は、一時停頓《ていとん》を余儀なくされる。折しも、ルワンダでジェノサイドが発生し、周辺国に逃れた難民への支援に世界は追われていく。日本政府も、そうした情勢と無縁たり得なかったのである。

†ルワンダ難民からUNDOFへ――閣内不一致の露呈

八月中旬以降、政府はルワンダ難民救援活動参加を優先し、およそ一カ月後には自衛隊が順次ザイール入りを果たした。自衛隊は、一二月まで医療、防疫《ぼうえき》、給水などの活動に従事することになる（神本光伸『ルワンダ難民救援隊 ザイール・ゴマの八〇日』）。もっとも、ザイールでの活動も国際平和協力法に依るが、人道的な国際救援活動の枠組みに属する。主として、紛争で発生した被災民の救援、被害復旧を対象とする点で、PKOとは異なる方式の業務だった（内閣府国際平和協力本部事務局『平和への道』。Secretariat of the International Peace Cooperation Headquarters, Cabinet Office, *Road to Peace*）。

それでは、なぜ政府はルワンダ難民への対応を優先したのか。交替時期が迫っていたとはいえ、すでにカナダ部隊が活動していたゴラン高原PKOは、比較的安定していた。他方、ルワンダ難民が置かれた状況は、実に好対照である。時間を追うごとに犠牲が増え、火急の課題となっていた。かかる状況に鑑み、日本政府は、国連やカナダに事情を説明したうえで、急遽、ルワンダ難民救援活動参加へと舵を切ったのである（河村「UNDOF自衛隊派遣の舞台裏」）。それは同時に、カナダ部隊との交替延期を意味していた。

もっともこの間も、日加間の実務的接触は水面下でなされていたが、ゴラン高原PKOが政治レベルで組上《そじょう》に載るのは、一二月初旬に入ってからである。一二月六日の閣僚懇談会では、野中広務《のなかひろむ》自治相がUNDOFへの派遣に「慎重であるべきだ」と打ち、河野洋平副総理兼外相が「もとよりそうだ」という旨で応じる一幕もあった（伊藤「UNDOF調査団の派遣（官房長官秘書官よりの連絡）」）。

それから一週間後の閣僚懇（一二月一三日）でもUNDOFは尾を引き、慎重論が噴出する。話を切り出したのが、野《の》坂《さか》浩賢《こうけん》建設相であった。外務省、防衛庁の調査団派遣をめぐる検討作業に対し、野坂は「調査団の派遣を含めて慎重に対応すべきだ」と難色を示した。また、大出《おおいで》俊《しゅん》郵政相も、「（自衛隊を）出せば数年の長期派遣になり、慎重を期すべきだ」と野坂に同調している。社会党入閣組の二人に対し、自民党入閣組の反応はどうか。たとえば、亀井《かめい》静香《しずか》運輸相の発言は、二人以上に直截的で手厳しい。「現在の派遣が終わったら次の派遣との考え方はいかがなものか。外務省の前へ前へ進もうという対応は遺憾だ」（『日本経済新聞』一九九四年一二月一三日夕刊）。野坂、大出以上に踏み込んで意見を述べたところに、その点が色濃く現れていよう。

六日の閣僚懇で慎重さを示した野中も、三人の主張とさして変わらない。「行くのが当たり前という考えは怖いことだ。もっと緊張感を持って対処すべきだ」と、三人の内容をまとめるかの如く続いた（同右）。

けれども、閣内の合意形成は決して容易くはない。慎重論が相次ぐなか、ただ一人疑義を呈したのが、橋本龍太郎であった（同右）。通商産業相として入閣した橋本は、次のように発言している。

ゴラン高原への派遣は必要だ。イスラエルやシリアでも、中東紛争で手を汚さず、宗教的に中立な日本への期待は大きい。(同右)

橋本の指摘は、外務省のイニシアティブに対する評価を与えていない。また、調査団派遣も含め、今後の取り進め方に触れたわけでもない。橋本は、中東での日本の立ち位置を重視すべきだというのである。

閣内の意見を聞いた村山は、「私はまだ決断していない」と述べるにとどまった。また、河野は「調査団派遣については、モザンビーク、ザイールに派遣している自衛隊が帰国してから、関係省庁と相談して考える」と返答した(『朝日新聞』一九九四年一二月一三日夕刊)。外相兼任後も、河野は複数のPKO派遣に抑制的だったのである。

閣議後の記者会見でも、河野は「現地調査団を出すことまでは行政の話。自衛隊を出すかどうかは政治の決断だ」と強調する(同右)。とくに後半部分については、政治判断に強い拘りを見せた柿沢発言への態度とも重なるところだろう。

ルワンダ難民への緊急支援に加え、UNDOFをめぐる閣内不一致も露呈した結果、カナダ部隊との交替はさらなる時間を要することになる。調査団派遣の目処すら立たないまま、年の瀬が過ぎ去ろうとしていた。

†調査団派遣——PKO・地震・テロリズム

他方、村山政権は、PKOとは異なる試練にも見舞われている。一月一七日午前五時四六分、兵庫県南部を最大震度七の揺れが襲った。阪神・淡路大震災の発生である。村山自身は、午前六時過ぎのニュースで地震発生を知り、五十嵐広三《いがらしこうぞう》内閣官房長官に電話をかけている。その五十嵐から「大変揺れは大きかったが、幸いに被害はなかった」との報告を受け、村山は「それはよかったなあ」と答えたのも束の間、正午過ぎに死者二〇三人という情報が舞い込み、「エーッ」と驚愕する。奇しくも、同日には、山花貞夫《やまはなさだお》前社会党委員長をはじめ、二四人が会派離脱届を村山に提出している。折からの新党問題で、社会党の分裂回避を最も重視した村山であったが、阪神・淡路大震災で「かまっていられなかった」(村山富市『村山富市が語る「天命」の五六一日』)。「そりゃもうそんなことに頭は働かん。そりゃ地震のことで一杯だった」(薬師寺克行編『村山富市回顧録』)。自党の管理に手が廻らなくなるほど、村山は阪神・淡路大震災の初動対応に忙殺されていたのである。

調査団派遣をめぐる与党内調整は、震災対応の後景で試みられた。最大の障壁は、社会党の反応に他ならない。もともと調査団派遣は、一月の与党防衛調整会議で自民党から提起された案だった。その内容は、二月中にも、与党三党、防衛庁で構成された合同調査団をゴラン高原に派遣するというものである（『朝日新聞』一九九五年一月二四日）。ところが、社会党は自民党案に乗り気ではなかった。二月一日に開かれた安保・外務・内閣合同部会の協議では、阪神・淡路大震災への対応を最優先とし、「時期尚早」との声が大勢を占めたからである（『日本経済新聞』一九九五年二月二日）。大地震は、ＵＮＤＯＦ参加の進捗に微妙な影を落としていた。

それからおよそ一カ月後、社会党の態度は軟化する。自民、さきがけ両党が調査結果後の判断を主張する半面、社会党は結論を先延ばししてきた。ところが、三月一〇日の記者会見において、久保亘《くぼわたる》書記長が「調査団は普通、ＰＫＯへの参加を前提に派遣されるものだが、今回は、帰国後に自衛隊派遣が認められるかどうかを議論する。いろいろ検討した末の一つの妥協だ」と、党の条件付きでの容認を明かしたのである。党内の根強い反対を抱え込んだままの「妥協」は、社会党が連立与党の結束を重んじた帰結であった（『朝日新聞』一九九五年三月一一日）。

与党三党が一つの結論に達した矢先、今度は東京で事件が起こった。三月二〇日早朝、都内の地下鉄で化学兵器サリンが撒かれ、乗客乗員ら一三名が死亡、負傷者数五五〇〇人以上を数える事態に発展した。オウム真理教による無差別テロを前に、村山は怒り心頭に発していた。首相退陣後、当時の胸中をこう明かしている。「断じて許せない、憎んでもあまりある、とはらわたが煮えくり返った」（村山『村山富市が語る「天命」の五六一日』）。大地震、テロなど、かつてない難局の時代を日本は迎えていた。そうしたなか、二つの調査団が編成され、空路中東へと発った。

†政官同日派遣――「政府UNDOF調査団」と「与党UNDOF調査団」

四月一一日夕刻、二つの調査団がロンドンを経由し、シリアの首都ダマスカスに降り立った。一つは「政府ＵＮＤＯＦ調査団」、もう一つは「与党ＵＮＤＯＦ調査団」である。どちらかといえば、前者の方が、技術的・実務的色彩が強い（「政府ＵＮＤＯＦ調査団報告書」。「与党ＵＮＤＯＦ調査団報告」）。政と官が別々に調査団をつくり、ＰＫＯの現場に同日派遣された稀有《けう》な例だった。

はじめに、「政府ＵＮＤＯＦ調査団」は、鈴木総理府国際平和協力本部事務局長が団長を、山崎隆一郎外務省総合外交政策局審議官が副団長を務め、その他は総理府二名、防衛庁四名、外務省四名で構成されたものだった。次に、「与党ＵＮＤＯＦ調査団」の方だが、団長を早川勝《はやかわまさる》（社会党）、副団長を大野功統《おおのよしのり》（自民党）、武部勤《たけべつとむ》（自民党）、前原誠司《まえはらせいじ》（新党さきがけ）が担い、その他は自社それぞれ三名ずつを団員として選出している（同右）。副団長以上のポストを与党三党で割り当てているところが、いかにも連立政権らしい。

すでに触れたように、日本政府の事前調査案件として、ＵＮＤＯＦの死傷者数があった。とくに死亡原因につき、「政府ＵＮＤＯＦ調査団」は、より掘り下げて報告している。

要員の死亡者数の総計（本年四月現在）は三七名であり、うち地雷事故による死者が五名（一九七四年四名、一九七七年一名）、その他は、事故死、火災、病気、自殺等によるものである。なお、敵対行為による死者数はゼロである。また、負傷者数については、三七五名（本年四月現在）となっている。（「政府ＵＮＤＯＦ調査団報告書」）

派遣前の九四年六月二日時点と同様に、負傷原因は依然として詳らかではない。しかし調査の結果、交通事故以外の死亡原因がより明確化している。それに今次調査でも、敵対行為での死亡者ゼロが改めて確認されるに至った。

ゴラン高原に限らず、ＰＫＯでの死傷者数に影響を与える要因は、停戦の状態に違いない。この点からすると、「与党ＵＮＤＯＦ調査団」の方が、「政府ＵＮＤＯＦ調査団」よりも踏み込んだ報告を認めている。与党側は、政治レベルでの接触を重ねたのち、こう内容を綴っている。

シリアのシャラ外相は、兵力引き離し協定が一九七四年に調印されて以来、過去二一年間において武力衝突があったことはなく、八二年のイスラエルによるレバノン侵攻の際にもUNDOFは影響を受けなかったと述べた。イスラエルのラビン首相は、七五年にテロリストによる事件が起きて以来、一件の衝突も起きておらず、シリアも過去一九年間、停戦ラインへの侵入を行っていないとの見解を示した。UNDOFのコステルス司令官も、戦車等の数量制限違反などの小さな協定違反行為はたまにあるが、シリア・イスラエルとも非常によく停戦協定を遵守していると語った。

また、調査団が視察したゴラン高原の兵力引き離し地帯（AOS）および兵力制限地域（AOL）の現状は平穏であった。（「与党UNDOF調査団報告」）

シリア、イスラエルは、一九七三年の第四次中東戦争（ヨム・キプール戦争、または一〇月戦争）で戦火を交えた紛争当事国である。当事国為政者らの証言は、自国にとって不都合な部分を捨象しがちであり、第三者証言との擦り合わせが求められよう。この調査の場合、第三者とはUNDOFに他ならず、ヨハネス・コステルス（Johannes C. Kosters）司令官であった。コステルスの言も踏まえると、両国為政者が語らなかった事実が含まれているものの、筋論《すじろん》は概ね一致する。与党調査団は、UNDOF活動地域の情勢を複眼的に捉え、慎重に提言を行おうとしていたのである。

最終的に、二つの調査団の分析には、若干の類似点も見受けられる。その最たる例が、国際平和協力法に定める参加五原則の評価だろう。いずれも、UNDOFの輸送業務、司令部業務に自衛隊が参加する妥当性を認めつつも、五原則のうち次の二点を確認事項に位置づける。その第一が、要員・部隊の撤収（第四原則）、第二が、必要最小限の武器使用（第五原則）である。調査団は、UNDOF参加に伴い、この二点をはじめ、国際平和協力法上の規定が果たして許容されるのか、日本と国連の間で改めて確認を要するというのである（「政府UNDOF調査団報告書」。「政府UNDOF調査団報告書概要」。「与党UNDOF調査団報告」）。そして、五原則の扱いをめぐり、連立与党の調整作業はさらに紛糾していくことになる。

†与党社会党の逡巡――PKF本体業務との関係をめぐって

確認事項二点をめぐり、日本政府は直ちに国連への接触を図った。四月二〇日にイクバル・リザ（Iqbal Riza）国連事務次長補から、四月二六日には小和田恆国連大使、コフィイ・アナン国連事務次長から、日本の原則を国連が認めるという確認をとっている（内閣・安保・外務合同部会「UNDOF問題に関する与党内議論の到達点」、日本社会党安保・自衛隊等対策特別委員会編『政策資料』）。

政府が国連との合意に至った半面、与党、とりわけ社会党内の調整は遅々として進まなかった。最大の懸案は、UNDOF輸送業務とPKF本体業務との関係である。与党調査団は、UNDOFの状態を報告書にこう認めている。

武器・弾薬の輸送問題について、UNDOFのコステルス司令官は、武器・弾薬の輸送は司令官本人の知るかぎりないと述べ、カナダ部隊のデウルフ司令官は、共同訓練および緊急時においても、日本の部隊が後方支援を行うカナダ部隊の武器・弾薬や武装した要員を輸送することはないと表明した。

（「与党UNDOF調査団報告」）

与党調査団の指摘は、UNDOF、カナダ両司令官の視点に絞り込みながら、自衛隊の担当予定業務がPKFに結び付かないというのである。

それでは、村山はUNDOF参加をどうみたか。もとより、村山の胸中には、自衛隊海外派遣の件で一線が引かれていた。村山にとって許せる一線とは、PKOへの参加までであった。PKFとならば、「それはもうダメと言ってきた」（梶本幸治他編『元内閣総理大臣 村山富市の証言録』）。村山はまた、自衛隊のゴラン高原PKO参加に「それほど抵抗感はなかった」と事《こと》も無《な》げに語ってさえいる（村山『村山富市が語る「天命」の五六一日』）。これらの証言に鑑みるなら、村山自身もUNDOFへの参加がPKFに結び付くとは考えていなかったのだろう。

だが、お膝元の社会党内には、村山の感覚と逆の意見も存在した。なぜなら、PKFとの一体化を疑う声も上がっていたからである。それゆえ、五月一一日に開かれた三役会議、中央執行委員会では、判断そのものを時期尚早とした。ただ、それ以前より、新党問題に伴う離党者続出、統一地方選挙惨敗も相俟《あいま》って、来る参院選を睨んだ社会党は慎重さを崩さなかった（『朝日新聞』一九九五年五月一一日夕刊、五月一四日）。

逡巡する社会党内を尻目に、自衛隊のUNDOF参加を求める動きは、次第に勢いを増していく。

†カナダと外務省

与党内調整の進展を、国際社会は待ってくれなかった。四月、河野は、ニューヨークで開催された核兵器不拡散条約（NPT：Treaty on the Non-Proliferation of Nuclear Weapons）再検討・延長会議に加わっていた。国連事務総長のガリから、日本のUNDOF参加に直々に期待表明がなされ、アンドレ・ウェレット（André Ouellet）加外相からは、調査団派遣に喜びの声が寄せられていた（「UNDOFクロノロジー」）。

なかでも、カナダ政府は、さらに踏み込んで日本のUNDOF参加を促した。五月に入ると、ドナルド・W・キャンベル（Donald W. Campbell）駐日カナダ大使が、村山、河野、武村宛にそれぞれ書簡を発出している。内容は黒塗りだが、外務省が開示したクロノロジーによれば、日本のUNDOF参加への強い支持が記載されたものだった（「UNDOF要員派遣（在京加大使より総理に対する書簡）」。「UNDOF要員派遣（在京加大使よりの河野大臣宛書簡）」。同右）。

国連、カナダ政府からの接触が、日本政府に響いていたのだろう。同時期の内政においても、UNDOF参加を求める動きが顕著になりつつあった。五月の調整作業について、総政局国際平和協力室が作成した文書には、こう記されている。

一五日に大臣が派遣の道筋をつけたいと与党首脳会議で発言されたこと、また、二三日官房長官からも与党政策調整会議に対し早急に意見をまとめるよう要請されたことから、自民党内においてサミット前に、明年二月の派遣を決定すべしとの意見がある。

（国際平和協力室「UNDOF・PKO派遣に関する今後の取り進め方」）

総政局がまとめた行政文書であるから、「大臣」とは河野を指すのだろう。とすれば河野は、紛れもなくUNDOF参加を与党に求める側に身を置いていた。ただこれをもって、河野の宗旨替えを指摘できない。自衛隊は九五年一月にPKOから撤退しており（内閣府『平和への道』。Cabinet Office, *Road to Peace*）、官房長官時代とは随分懸け離れた環境での言動だったからである。

他方、六月一五日から一七日まで、カナダのハリファックスでサミットが開かれ、日加首脳会談の席が設けられていた。その席上、ジャン・クレティエン（Joseph-Jacques Jean Chrétien）首相をはじめ、カナダ側は、日本のUNDOF参加に改めて期待を表している。それに対し、村山は、連立与党との検討を前向きに進めていると返答するにとどまった（「UNDOFクロノロジー」）。

なぜ、派遣決定がサミットに間に合わなかったのか。社会党内だけでなく、さきがけにも、協議そのものが参院選終了まで無理との向きがあった。だからこそ、総政局国際平和協力室は、河野から村山、武村にUNDOF参加の重要性を伝えるよう求めたのである（国際平和協力室「UNDOF・PKO派遣に関する今後の取り進め方」）。この三人は現職閣僚であり、各党代表でもある。国際平和協力室は、党首会談も睨んで動いていたのだろう。

国際平和協力室が認めた別の文書は、UNDOF参加を扱った会議での大臣のコメント概要も伝えている。五月二九日、大臣室にて河野は「自分は何度も本件につき武村大臣に話している」、「本件の決定を参議院選挙まで待つということは出来ない」と喝破《かっぱ》した（国際平和協力室「UNDOF派遣問題（メモ）」）。河野が武村を名指ししたのは、さきがけの内情にも由来しよう。さきがけのUNDOF推進派からは、参加の必要性を河野から武村に伝えれば進捗するとの意見も上がっていた（国際平和協力室「UNDOF・PKO派遣に関する今後の取り進め方」）。省内と与党内、身内からの要望にどうにか応えようとした河野であったが、その甲斐空しく、サミット前の派遣決定はついに叶わなかったのである。

それに、河野自身が望んだ七月参院選前の決定も、同じく実現していない。度重なるカナダ政府からの接触、河野の根回しを経てもなお、与党内の足並みは揃わなかった。依然、結論を得られないUNDOF参加問題に、政治判断の瞬間が刻々と迫っていた。

†最終決定への道

七月二三日実施の参院選で、社会党は大幅に現有議席を割り込み、当選者わずか一六人に終わった。自民、さきがけと合わせ、与党三党で過半数を制し、村山政権の命脈は辛うじて保たれた（日本社会党五〇年史編纂委員会編『日本社会党史』）。社会党の衰退著しいものの、ほどなく政権はＰＫＯ論議へと回帰していく。

転機は八月に訪れた。八月二四日夕刻、伊藤茂《いとうしげる》社会党外務部会長が官邸を訪ね、ＵＮＤＯＦ参加をめぐる党内の状況を村山と野坂に報告した。書記長の久保も電話で村山と意見を交わしていた。それらの過程で村山はこう呟く。「ここまできたら、〔ＵＮＤＯＦに派遣〕しないわけにはいかないなあ」。同日には、上原康助《うえはらこうすけ》社会党副委員長も官邸を訪ねたが、そこで村山は「派遣で何とかまとめてほしいんじゃ」と託したのである。前後の政治日程に目を転じるなら、六月のサミットでカナダ側に前向きの検討を告げ、九月には中東歴訪を控えていた。村山としては、これ以上のＵＮＤＯＦ参加見送りを避けたかったのだろう（『日本経済新聞』一九九五年八月二六日）。見守る側に徹してきた村山は、一転、上意下達《じょういかたつ》を用いたのである。

村山の意を汲みとり、久保をはじめ、社会党執行部が党内の意見集約を図《はか》っていく。その舞台となったのが、翌日の臨時中央執行委員会だった。彼らは慎重意見を斥《しりぞ》け、派遣の容認で何とかとりまとめた。だが、与党外務調整会議を秋葉《あきば》忠利《ただとし》、大脇雅子《おおわきまさこ》が抗議辞任したように、党内の不満が必ずしも払拭されたわけではなかった（同右）。

社会党の決定を受け、与党調整会議は大詰めを迎え、次の六項目で合意に達した。

一　他国の武器・弾薬および武装要員の輸送を通常業務としては行わないこと。
二　武器使用原則および独自撤収原則を含めた「ＰＫＯ派遣五原則」に関する国連とわが国国連代表部との合意を文書で確認すること。
三　武器使用原則に抵触するおそれのある共同訓練には、参加しないこと。
四　派遣期間は二年を目途とすること。
五　ＰＫＦ本体業務の凍結解除は、当面行わないこと。
六　ＰＫＯ参加のあり方全般について与党として協議し、まとめること。
（与党内閣調整会議他「わが国のＵＮＤＯＦ参加に当たっての与党確認事項」、日本社会党編『政策資料』、項目間空欄削除引用者）

社会党はＵＮＤＯＦ参加で譲歩し、自民党はＰＫＦ凍結維持を呑んだわけである。第三章で指摘したように、宮澤はＰＫＦを取り止め、国際平和協力法を成立させた。ＵＮＤＯＦでも、自民党はＰＫＦで譲歩しながら、ＰＫＯ参加を前に推し進めたのである。与党の顔ぶれは異なるが、ＰＫＦを取引材料とするアプローチに変わりはなかった。

八月二九日に開かれた閣議で、官房長官の野坂が一九九六年二月中の派遣を目途に準備を開始するよう発言すると、衛《え》藤《とう》征士《せいし》郎《ろう》防衛庁長官は陸海空各幕僚長に要員選定、編成準備などを指示した（防衛庁長官発陸上幕僚長他宛長官指示第三号「国際連合兵力引き離し監視隊（ＵＮＤＯＦ）に関する国際平和協力業務の実施に係る準備に関する長官指示」）。そして政府は派遣準備を進める傍ら、実施計画などをまとめ、一二月一五日に閣議決定する（「ゴラン高原国際平和協力業務実施計画」。「ゴラン高原国際平和協力業務の実施の結果」）。社会党首班政権下で初めてＰＫＯ参加の道筋を付けた村山だったが、年明け早々に総理の職を辞してしまう。自衛隊がゴラン高原の土を踏んだときには、橋本率いる自民首班政権に逆戻りしていた。

†ゴラン高原到着後の活動

一九九六年一月以降、自衛隊の司令部要員、派遣輸送隊がＵＮＤＯＦへと順次派遣された。前者は広報、輸送・整備業務の企画・調整などを担い、カナダ部隊から業務を引き継いだ後者は、日常生活物資の輸送、補給品倉庫での物資保管、道路の補修、重機材整備などの任に当たっていた（総理府国際平和協力本部事務局『ゴラン高原国際平和協力業務記録集』）。

なお、自衛隊の輸送支援のなかには、意外なものも含まれている。第一次ゴラン高原派遣輸送隊長を務めた佐藤正久《さとうまさひさ》の証言によれば、国際赤十字からの要請を受け、派遣輸送隊はシリアとイスラエルの国境を通過して嫁《とつ》ぐ花嫁や、その嫁入り道具まで輸送支援を施したという（佐藤正久「離散家族の絆もつないでいたＵＮＤＯＦ」、桜林美佐監修他『自衛官が語る海外活動の記録』）。

現地入りから一〇年と経たぬうちに「ルーティンワークの一つ」と評されるほど、ＵＮＤＯＦ参加は陸上自衛隊の任務に根差すものとなっていた（関他『ＰＫＯの真実』）。けれども、一七年に及ぶ道程は決して平坦だったとはいえない。一九九七年五月三〇日、オーストリア兵二名が巡回中に射殺される事件が発生する。オーストリア、カナダ両政府からの協力・支援を得ながら、ＵＮＤＯＦとシリア当局による調査が実施に移されたものの、犯人や動機を突き止められずにいた（S/1997/884）。この事件を重く捉えていたのだろう。司令官のコステルスは、ＵＮＤＯＦ要員のＡＯＳでの行動、シリア・イスラエル間の国境横断をしばらく制限する決断を下した。こうした状況に伴い、安全確保上、派遣輸送隊の活動にも制限が加わったのである（本松敬史「わが心の故郷「ゴラン高原」」、桜林監修他『自衛官が語る海外活動の記録』）。「典型的なＰＫＯ」の洗礼だった。

しかしながら、日本のＵＮＤＯＦ参加に影響を与えたのは、国境事案のみとは限らなかった。その最たる例が、シリア内戦である。国連事務総長報告書によれば、二〇一二年、シリア政府軍と反政府勢力の衝突が繰り返され、その余波はＵＮＤＯＦ活動地域にまで及んだ（S/2012/403）。ことシリア側の情勢が深刻で、六月下旬以降、自衛隊によるファウアール宿営地からダマスカスまでの輸送活動は中断していた（萱沼文洋他「派遣隊長・「撤収作戦」を語る」、読売新聞東京本社調査研究本部編『読売クオータリー』）。

一一月に入ると、ＵＮＤＯＦ司令部は、自衛隊に輸送再開を要請するようになる。だが、状況は改善されるどころか、ダマスカス近郊の治安悪化が顕著であったため、自衛隊は要請を固辞した。その矢先のことだった。奇しくも、派遣輸送隊が利用してきたルートで襲撃事件が発生する。一一月二九日、ファウアール宿営地からダマスカス国際空港へ向かっていたオーストリア、クロアチア部隊主体の車列が襲撃を受け、四人が重軽傷を負った（同右。S/2012/896）。自衛隊は難を逃れたが、日本政治はいよいよ撤退へと傾いていく。

シリア内戦の煽りをＵＮＤＯＦが受けるなか、政権与党の座に就いていたのが民主党だった。防衛省が早期撤退を要請すると、野田《のだ》佳彦《よしひこ》首相、森本敏《もりもとさとし》防衛相、玄葉《げんば》光一郎《こういちろう》外相らが協議に入り、一二月二一日開催の安全保障会議でＵＮＤＯＦからの撤退が正式に決定する（『朝日新聞』二〇一二年一二月八日、一二月二一日夕刊）。もっとも、実施計画で定められた期間は二〇一三年三月三一日までだったし、参加五原則の破綻を政府が認めた帰結でもない（「ゴラン高原国際平和協力業務実施計画」。「ゴラン高原国際平和協力業務の実施の結果」）。撤退は、予防措置としての意味合いが強かったわけである。

自衛隊のUNDOF参加が佳境を迎えていたにもかかわらず、PKO論議が内政に占める比重は依然低いままであった。一一月一六日に衆議院が解散され、同時期には選挙戦に突入していたからである。迎えた一二月一六日の投開票で、民主党の獲得議席数は五七（第二党）にとどまり、現職閣僚八名が落選した。民主党から自民党への政権交代である（薬師寺克行『現代日本政治史』）。UNDOF撤退は、政治的影響力を失った民主党政権の遺産だったのである。

二〇一三年一月以降、再び政権に返り咲いた自民党政権の下、撤退業務が順次進められていった。UNDOFに派遣された自衛隊員は、一七年間でおよそ一五〇〇名を数えた。輸送活動での走行距離は約三四〇万キロメートルに上り、およそ地球八五周に相当する。輸送人員数は約七万九五〇〇名、生活用品などの重量は約三万五二〇〇トンに達した（「ゴラン高原国際平和協力業務の実施の結果」）。

幾多の政権交代、治安の悪化を乗り越え、自衛隊のUNDOF参加は絶え間なく継受されてきた。前例なき期間と規模で成し遂げられた参加実績だが、この間、政府がゴラン高原のみに没頭したことを物語るものではない。振り返るなら、新世紀到来を間近に控えた政府は、その視線を南洋の小島にも向けつつあった。

第六章

東南アジアへの回帰
——新独立国家東ティモールへ

東ティモール西部の山間部で道路補修工事に携わる自衛隊員
(2004年2月11日、岩崎日出雄撮影、ⓒ毎日新聞)

†「東チモール調査ミッション」

一九九九年五月五日、ニューヨークではコフィ・アナン国連事務総長の周旋《しゅうせん》により、インドネシア・ポルトガル間で一つの合意に達した。ポルトガル外相ジャイメ・ガマ（Jaime Gama）、インドネシア外相アリ・アラタスが取り交わした合意文書には、ティモール島の自決権をめぐる住民投票の実施が記されている。最大の争点は、インドネシア政府が提示した特別自治案を、ティモール島東側の住民が受け入れるかどうかにあった（A/53/951-S/1999/513）。

一九七六年にインドネシア軍が併合して以来、東ティモール独立革命戦線（FRETILIN：Revolutionary Front for an Independent East Timor）を筆頭に、各地で抵抗運動が繰り広げられてきた（松野明久『東ティモール独立史』）。当時、国連大使を務めていた斎藤鎮男は、日本とインドネシアの良好な二国間関係に配慮するとともに、FRETILINを共産主義政党として位置づけた。FRETILINが中国との紐帯《ちゅうたい》を深め、東ティモールを手中に収めたとき、中国共産党が浸透する事態が招来しかねない。ゆえに斎藤らは、インドネシアを支持し続けたのである（斉藤鎮男「アメリカvs国連、対立の構図」、国連広報センター編『回想 日本と国連の三十年』）。

ところが、冷戦が終結し、インドネシア政府が住民投票を認めると、日本は東ティモールへの関与を次第に深めていく。五月五日合意成立後、政府は「東チモール調査ミッション」の編制に着手していた。団長に樽井《たるい》澄夫《すみお》外務省アジア局審議官を据え、総理府、外務省、警察庁などからの十数名で構成された一行は、ほどなくジャカルタ、東ティモールへと赴くことになる（『産経新聞』一九九九年五月一三日）。彼らが帰国後に提出した調査報告書には、こう治安状況が綴られていた。

特に〔インドネシア〕併合派の独立派に対する暴力事件の増加が見られる。かかる状況下、地方は危険であり、州都ディリについても、四月一七日及び五月一〇日の事件に鑑みれば、少なくとも現時点において客観的に完全に安全とは言いきれず。なお、平野部は海岸沿いのみで、内陸部はほとんどが山岳地帯である東チモールの道路事情は悪く、島内の移動は容易ではなく、また、通信事情もあまりよくない。

現在までのところ外国人に負傷者は出ていないが、併合派は外国人ジャーナリストが中立的でないとしてかなり敵対的な感情を持っており、また、国際赤十字委員会代表も併合派から銃を向けられ威嚇されている。現地入りした国連関係者はこれまで少数であり危険に遭遇していないが、今後危険な状況に巻き込まれる可能性は現在の状況が継続

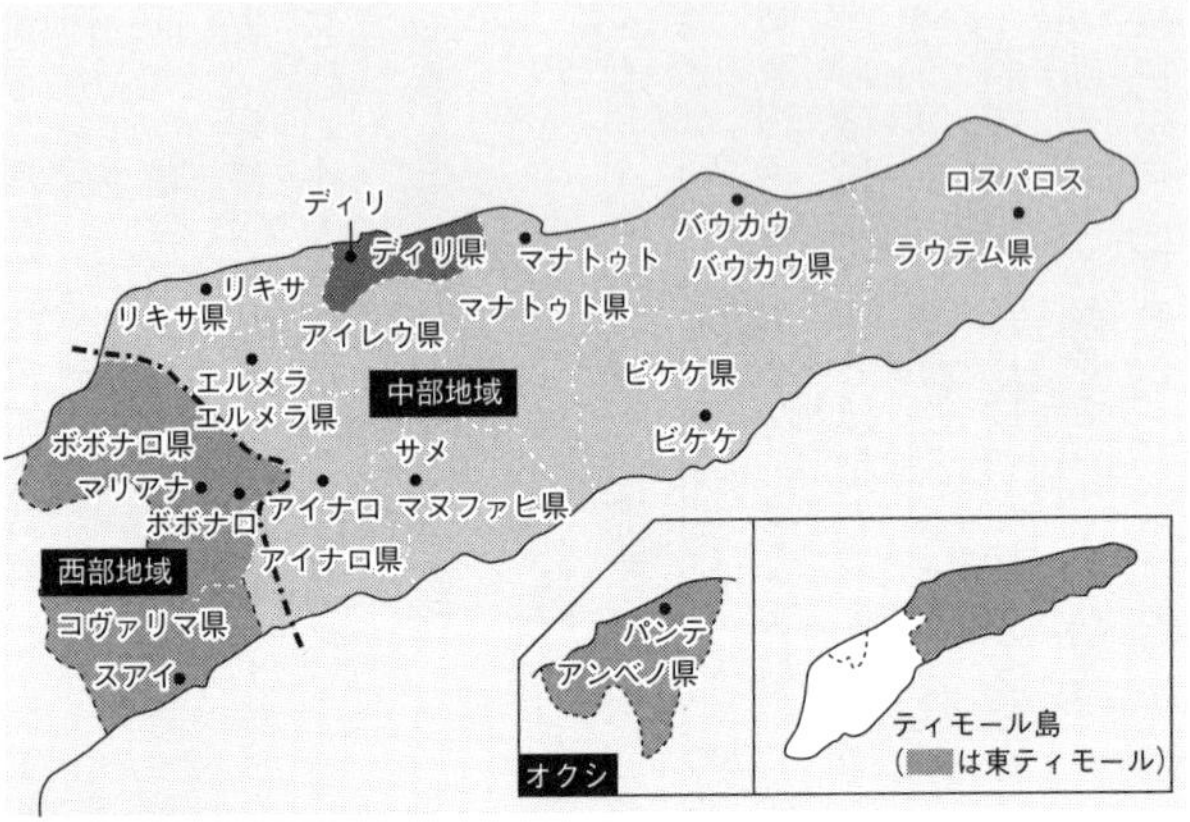

東ティモール
出典：内閣府国際平和協力本部事務局『平和への道――わが国の国際平和協力のあゆみ』2005年を修正。

するのであれば完全には排除されない。
（「東チモール調査ミッション報告」）

東ティモールでは、平時の移動、通信すらままならない。それどころか、併合派の敵対行為が独立派のみならず、第三者にまで及んでいる。すでに選挙準備に入っていた国連東ティモール派遣団（UNAMET：United Nations Mission in East Timor）に日本人要員が参加したなら、彼らも併合派の敵対行為と完全に無縁ではいられないと危機感を募らせていたわけである。

「東チモール調査ミッション」はまた、治安悪化の一因にまで筆を伸ばしている。

「併合派、独立派双方による殺人、放火等につき、現地の警察・国軍は、治安当局は両派に対して中立でなければならないという言い訳をしており、〔中略〕取り締まる姿勢を十分に示しているとは言い難い」（傍点引用者）と分析し（同右）、インドネシア側の意欲の低さに懸念を示してさえいた。五月五日合意に基づくなら、東ティモールにおける平和と安全の維持は、インドネシア政府の責任である（A/53/951-S/1999/513）。こうした履行状況に、日本とUNAMETは翻弄され続ける。

派遣と撤退の狭間——住民投票実施

現地での調査に携わった堀江良一《ほりえりょういち》総理府国際平和協力本部事務局参事官によれば、「東チモール調査ミッション」は、「UNAMETへのわが国からの参加を前提とするものではなかった」という（堀江良一「夜明け前の東ティモール」『外交フォーラム』）。ただ、調査報告書の末尾が「より中長期的な観点からは、東チモールのインフラ整備、人材育成等の分野に対する協力を考えていく必要がある」と締め括られているように（「東チモール調査ミッション報告」）、のちの人的貢献に含みを持たせる部分もなくはなかった。

問題は、八月に投票を控えるUNAMETへの対応である。すでに国連から内々の打診があり、日本政府が短期的な観点から検討対象としたのが、文民警察部門への参加だった。政情不穏とはいえ、UNAMETについては、政府内で五原則を満たすと判断されていた。

それゆえ、六月一四日に開かれた政府与党連絡会議で了承を得、二九日の閣議で日本人文民警察官三名の派遣が決定に至った（堀江「夜明け前の東ティモール」。「東チモール国際平和協力業務実施計画」）。

日本人文民警察官三名のうち、ディリのＵＮＡＭＥＴ本部に二名、ジャカルタの同事務所に一名が配属された。実施計画に基づき、彼らは、東ティモールの治安を担当するインドネシア国家警察への助言・指導などの業務に従事しながら、八月三〇日の住民投票を見届けることになる（「東チモール国際平和協力業務の実施の結果」）。

数日後、とうとう開票結果が公にされる瞬間が訪れた。九月四日九時、ディリ市内のマコタホテルにＵＮＡＭＥＴ特別代表イアン・マーティン（Ian Martin）が姿を現し、特別自治案への賛成二一・五％、反対七八・五％とメディアの前で結果を読み上げた。東ティモールの完全独立が不可避となるや、かねてよりインドネシア国軍の後ろ盾を得てきた併合派民兵らは、至る所で襲撃に及んだ。ＵＮＡＭＥＴの要員も例外ではない。たとえば、西部リキサから緊急避難する際、アメリカ人文民警察官一名が銃撃で負傷していた（Ian Martin, *Self-determination in East Timor*）。「東チモール調査ミッション」が危惧した国連関係者が巻き込まれる事態が現実になってしまったのである。

もとより投票前から、川上隆朗《かわかみたかお》駐インドネシア大使がＵＮＡＭＥＴ要員の安全確保を、小渕恵三首相が現地の治安維持をインドネシア政府に要請していた（『朝日新聞』一九九九年七月七日、八月二七日夕刊）。それにもかかわらず、インドネシア側の対応は民兵を取り締まるどころか、彼らに加担する場面すら見受けられる。もはや、日本政府が採り得る措置は、限られたものでしかなかった。

UNAMET事務所襲撃など増えるにつれ、日本政府の施策はついに撤退へと傾いた。投票結果を見届けた日本人文民警察官らは、政府チャーター便でコモロ空港を後にし、九日、無事帰国を果たしたのであった（総理府国際平和協力本部事務局『東チモール国際平和協力業務／東チモール避難民救援国際平和協力業務業務記録集』）。

このような日本人文民警察官の撤退は、PKO参加の単なる終局を意味しない。政府による試行錯誤の営みは、その歩を自衛隊派遣へと向けるようになる。

†関係国への接触――インドネシアとオーストラリア

九月五日午前零時も差し迫ったころ、アナンは電話をかけていた。電話の相手は、東ティモール独立運動の指導者シャナナ・グスマオ（Kay Rala Xanana Gusmão）である。ジャカルタで自宅軟禁状態にあったグスマオは「私たちはあなたの手中にいるのです」と告げ、東ティモールでの「新たなジェノサイド」の危険性を警告した。アナンはできる限りの対応を約しつつ、身の安全に注意を払うよう伝え、電話を切った。そしてその日のうちに、ジョン・ハワード（John Howard）豪首相に多国籍軍の主導を依頼し、すぐさま同国から承認を得ている（Kofi Annan, *Interventions*. コフィ・アナン他『介入のとき』上）。

かかる国際部隊の受け入れを、アナンはインドネシアのバハルディン・ユスフ・ハビビ（Bacharuddin Jusuf Habibie）大統領に迫り続けた。だが、ハビビはなかなか首を縦に振らない。代わりに戒厳令で応じ、自国の軍を信じてやまないハビビだったが、事態の収拾に失敗してしまう。九月一二日朝、ハビビ自らアナンに電話をかけ、「こちらからは、譲歩や条件を要求することはありません。私はあなたと国連に、全幅の信頼を置いています」と締め括った（*Ibid.* 同右）。介入の手《て》筈《はず》が整った。

ハビビによる受け入れ承認後の一四日、ニューヨークでは、佐《さ》藤《とう》行雄《ゆきお》国連大使が関係国外相との会談に臨んでいた。その一人目が、アリ・アラタス外相である。佐藤が多国籍軍早期派遣に対するインドネシア側の協力に期待感を示すと、アラタスはさして条件を提示しなかった（佐藤行雄大使発外務大臣宛第五七四四号別ＦＡＸ公信「東チモール情勢（本使とアラタス外相との会談：貼り出し）」）。

それでは、二人目の反応はどうか。別途準備されたＦＡＸには、アレクサンダー・ダウナー（Alexander Downer）豪外相の発言概要が記されている。

豪州は、地理的な観点、要員を早期に展開し得ることといった事情から、今回の国際部隊については中心的な役割を果たさざるを得ないと考えているが、自ら望んでやっているのではなく、むしろ、やらざるを得ないからやっている事情を理解願いたい。豪州としては、国際部隊の多くの部分をアジア諸国からの要員が占めることについて何ら問題はなく、むしろ歓迎したいが、アジアの幾つかの国からは資金面での問題があり派遣が容易でないと聞いている。インドネシアとの協力関係は重要であり、自分も本日アラタス外相に会った他、目下、豪州とインドネシア両国の軍関係者が、現場での協力関係の在り方について、当地にて協議しているところである

（佐藤行雄大使発外務大臣宛第五七七九号別FAX公信「東チモール問題（本使とダウナー豪外相の会談：貼り出し）」）

アナンの電話依頼を直ちに承認したものの、オーストラリア政府の本音は不承不承だったわけである。しかもダウナーは、国際部隊参加国をアジアから募るうえで、いったい何が足りないのかを佐藤に明かしたのである。

佐藤は九月一五日、ダウナーとの会談録概要を外相宛に送信した（同右）。高村正彦《こうむらまさひこ》外相

が、このFAXをどう受け止めたのかまでは窺い知れない。だが、のちの日本が採り得る政策を予示するかのようであった。

†財政支援

その後、安保理公式協議で決議一二六四が可決され（S/RES/1264）、のちに東ティモール国際軍（INTERFET：International Force for East Timor）の名で知られる部隊がディリに到着する。決議採択後、日本政府は「今後、具体的に如何《いか》なる貢献が出来るかについて早急に検討していく」と外務大臣談話を出し、さらなる検討に意欲を滲ませていた（「高村外務大臣談話　東チモールに関する安保理決議の採択」）。けれども、日本に課せられた制約は、そう容易いものではなかった。

なかでも外務省では、「我が国は、国内法上の根拠がないため、要員を派遣することは不可能」（傍線削除引用者）と解されていた。それに、危険度五が発出されている以上、「人道支援のための人員等を派遣することも極めて困難」（傍線削除引用者）となる。他方で、国連、インドネシアをはじめ、関係国から日本に対し、INTERFETへの財政支援に期待も寄せられていた。そこで外務省は、日本の役割を財政面に絞り込むようになる（南東アジア第二課「東チモールの治安回復のための多国籍軍に対する支援の必要性」）。

ただし、ＩＮＴＥＲＦＥＴへの日本の財政支援には、もう一つの意図も込められていた。とくにインドネシアと同じ東南アジア諸国に触れた文章が、それを示唆している。

ＡＳＥＡＮ諸国のうち、既に、タイ及びフィリピンは、我が国の財政的支援に対する期待を表明している。我が国が途上国からの要員の派遣を支援するために資金拠出を行う旨早急に表明することは、これらの諸国からの多数の要員の参加を促し、多国籍軍に対するインドネシア側の反発をできる限り和らげるために極めて重要である。（同右）

アナンも指摘するように、ＩＮＴＥＲＦＥＴを主導するオーストラリアは、隣国から真にアジアと見做《みな》された存在ではない。だからこそアナンは、タイ、マレーシア、シンガポールなどの関与を要した（Annan, *Interventions.* アナン『介入のとき』上）。インドネシアを極力刺激せずに介入を遂げるには、多国籍軍におけるＡＳＥＡＮ諸国のプレゼンスが求められる。かかる環境整備に向け、外務省は資金援助で後押ししようとしたのである。

一〇月四日、日本政府は、ＩＮＴＥＲＦＥＴを対象とする国連信託基金に一億ドルを目途とした資金拠出を決定した（外務大臣官房報道課「東チモールに展開する多国籍軍のための資金拠出について」）。奇しくも、同日付国連文書によれば、アナンが望んだ先のＡＳＥＡＮ三国もINTERFETに名を連ね、フィリピン、韓国なども加わっている。同部隊の東ティモールへの展開に対しては、インドネシア国軍も協力に応じていた（S/1999/1025, S/1999/1024）。日本の資金拠出は、多国籍軍設置経費というよりも、活動維持経費の色彩が強いものだったといえよう。このような決定からほどなく、日本外交は再び人的貢献へと転じるようになる。

†暫定統治参加をめぐって

INTERFETの展開によって、東ティモールの治安が回復に向かいはじめると、PKOは国家建設の段階へと移行していく。一〇月二五日には、INTERFETを次いで、治安維持、行政機構の確立、能力開発支援などを担う国連東ティモール暫定行政機構（UNTAET：United Nations Transitional Administration in East Timor）が設置された（S/RES/1272）。後半二つの活動が物語る通り、INTERFETへの参加以上に、人的貢献の裾野は広がりをみせつつあった。

追い風は続く。一一月九日、UNTAET事務総長副特別代表に、かねて政府が推薦してきた高橋昭《たかはしあきら》JICA技術参与が任命された。SRSGに次ぐ高位であり、PKOの幹部として日本の民間人が登用された初のケースであった。そして高橋は、人道支援・緊急復興部門の担当に配置されている（『日本経済新聞』一九九九年一一月一〇日夕刊）。UNTAETの任務ばかりか、組織の人事でも、日本政府に望ましい構図が現出していたのである。

それにもかかわらず、UNTAET参加への機運は、なかなか熟さなかった。折しも、一一月から二〇〇〇年二月まで、航空自衛隊はスラバヤ（ジャワ島）とクパン（西ティモール）の間で援助物資、UNHCR関係者の輸送を実施している。だがそれとて、インドネシア領内での避難民支援にとどまる（「東チモール避難民救援国際平和協力業務の実施の結果」）。任務、地域いずれにせよ、UNTAETへの参加とは本質的に異なるのである。

それに、PKO参加問題自体が、国内政治の表舞台から遠退く一方であった。こと小渕が並々ならぬ情熱を注いだのが、二〇〇〇年七月に開催を控えた九州・沖縄サミットに他ならない。その道半ばの五月に脳梗塞で小渕は逝去し、後を継いだ森喜朗《もりよしろう》首相の下、初の東京外でのサミット開催に結実した（宮城大蔵「小渕恵三」、宮城大蔵編『平成の宰相たち』、宮城『現代日本外交史』）。

サミット閉幕後、森は、かつてないほど対アフリカ外交に力を注いでいく。緒方貞子国連難民高等弁務官の勧めもあり、二〇〇一年一月、森は緒方とともに南アフリカ、ケニア、ナイジェリアを歴訪する。サハラ以南アフリカを訪問したのは、日本の首相として初めてであった。けれども、宇和島水産高校「えひめ丸」事故への対応、相次ぐ失言が引き金と

東ティモールPKOを決定。閣議に向かう小泉首相（©共同通信）

なり、二〇〇一年四月には首相退任に追い込まれてしまう（森喜朗『私の履歴書　森喜朗回顧録』）。森政権がＵＮＴＡＥＴ参加を閣議決定する日は、訪れなかったのである。

†防衛庁の擡頭

東ティモールＰＫＯが再び内政で浮上するのは、小泉政権が四月末に発足してからである。「自民党をぶっ壊す」。小泉が過激なフレーズで政権への支持を盤石にするなか、いよいよ防衛庁がＰＫＯ参加への関与を深めていく。その一人が、中谷元《なかたにげん》防衛庁長官であった。陸上自衛隊出身者初の防衛庁長官となった中谷は、六月末にニューヨークの国連本部を訪れ、ルイーズ・フレシェット（Louise Fréchette）副事務総長との会談に臨んだ。フレシェットは、ＵＮＴＡＥＴ下の東ティモール情勢を説明し、独立後の新ＰＫＯが担う業務として軍事、警察、行政を挙げた。それに対し、中谷は「具体的な任務や規模が明らかになれば、（参加の）可能性を検討したい」と応じている。中谷はこの他、ＰＫＦ本体業務凍結解除にも前向きな検討を表明した（『日本経済新聞』二〇〇一年六月二三日夕刊）。

他方、防衛庁内に目を転じれば、長官だけが東ティモールＰＫＯ参加に積極的だったわけではない。同時期、陸上幕僚監部には東ティモール・プロジェクトが設置され、施設、衛生、輸送、輸送調整、多機能兵站の部隊順に派遣をめぐる検討作業に着手していた（本多倫彬『平和構築の模索』）。このまま、東ティモールＰＫＯ参加へと庁内外で向かうのか。その矢先、世界は前代未聞の事態に遭遇する。

二〇〇一年九月一一日八時四六分、ニューヨークの世界貿易センタービル二棟に民間航空機がそれぞれ突っ込み、崩壊した。続け様《ざま》に国防総省本庁舎（ペンタゴン）にも航空機が突撃、最後の一機はペンシルバニア州郊外に墜落する。衝撃的な映像は、メディアを通じて瞬く間に地球上を駆け巡った。数日後、防衛庁では内局、統合幕僚会議、陸海空各幕僚監部の幹部が対米支援の検討を進めていた。その日米関係の枠組みのなかに、東ティモールＰＫＯが組み込まれていく（朝日新聞「自衛隊五〇年」取材班『自衛隊』）。

そのアイディアを提起したのが、他ならぬ陸幕である。陸幕側は、グローバルに対米支援を捉え、その一環として東ティモールＰＫＯ参加を訴えた。ところが、九・一一を機に東ティモールをめぐる検討を保留にしてきた内局は、アフガニスタン関連での貢献に傾きつつあった。再び陸幕側にいわせれば、アフガン関連の支援に陸自の大部隊投入が見込めない以上、アメリカ海兵隊も物資を支援する東ティモールでの貢献が望ましいのではないか。これに海幕、空幕が乗り、内局は、東ティモール派遣をめぐる検討を再開する（同右）。九・一一は、東ティモール・プロジェクトで検討を重ねてきた陸幕が、庁内の意見を収斂させる一つの舞台を提供したのである。

　とはいえ、東ティモールPKO参加への道筋が、直ちに整えられたわけではない。というのも、九・一一直後、日本政府はアフガニスタン戦争への対応に迫られていた。のちにテロ対策特別措置法（テロ特措法）の名で知られる新法が、六二時間のスピード審議の末に成立するのは、一〇月二九日のことであった。一一月九日以降、政府は、海上自衛隊の艦船をインド洋に派遣し、他国艦船への洋上補給を繰り返していく（薬師寺『現代日本政治史』）。

　東ティモールPKOへの派遣手続が進展をみるのは、海上自衛隊インド洋派遣の数日前であった。一一月六日に福田《ふくだ》康夫《やすお》内閣官房長官が自衛隊の派遣準備開始を表明すると、中谷は各幕僚長、統合幕僚会議に準備開始の指示を出す。かかる措置は、国連からの正式要請を見越し、派遣決定後迅速に応ずるためのものであった（防衛庁長官発陸上幕僚長他宛長官指示第一一号「東チモールにおける国際連合平和維持活動のための国際平和協力業務の実施に係る準備に関する長官指示」)。

それらと相前後し、政府は、二つの調査団の編成にも着手していた。一つには、小河俊《おごうとし》夫《お》内閣府国際平和協力本部事務局参事官を団長に内閣府、外務省、防衛庁の七名で構成された政府調査団、二つには、末永典良《すえながのりよし》防衛庁陸上幕僚監部防衛部運用課国際協力室長(一等陸佐)を団長に防衛庁二四名で成る専門調査団である。なお、末永は、政府調査団兼務であった。一一月一八日、二つの調査団は、情報収集、UNTAETなどとの調整を担う目的で成田空港を後にした(運用局運用課「東チモール政府調査団・専門調査団の派遣について」)。

一時は「対テロ戦争」の後景に置かれながらも、防衛庁の営みは、着実に東ティモールPKOへと接近しつつあった。

†調査結果――業務と脅威

二つの調査団は、同日中にもデンパサール入りし、一一月一九日にディリに到着した。直後にUNTAET司令部の表敬訪問を終えると、いよいよ現地調査へと踏み出していく(同右)。それでは、調査団は、UNTAETの業務内容や東ティモール情勢をどう評したのか。

もともと、UNTAET側が日本政府に引き継ぎを打診していた施設業務とは、道路・

橋梁の維持・補修などであった。調査団は東ティモールを見て廻り、自衛隊が「現在有する能力の範囲内で十分対応可能」と自信を覗かせている。しかも、日本にとって「顔の見える国際貢献」にもなり得る（国際平和協力本部事務局「東チモール政府・専門調査団調査結果概要」）。第三章で触れたように、自衛隊には、カンボジアで同様の施設業務を担当した実績がある。UNTAETから提示されたニーズは、それまでの経験知のみならず、プレゼンスの面でも望ましかった。

自衛隊の活動内容はもちろん、それを取り巻く環境にも、調査団の注意は及んでいる。とくに治安状況をめぐって、UNTAET活動地域に限定しながらも、「おおむね平穏」とし、五原則上でも「基本的に問題ない」と評価した（同右）。それでも、UNTAETの任務で被害が皆無だったわけではない。一例として、別途準備された「東チモール自衛隊派遣に関する調査結果について（ディリ等）」では、任務別の犠牲者数が列記されている。

UNTAET任務間の死亡者
PKF：一三人
文民警察：一人
軍事監視員：一人

その他：一人
※併合派民兵による暴行・襲撃等は、主として東西チモール国境沿いで発生
（経緯）上記死亡者に関する全容は不明
（「東チモール自衛隊派遣に関する調査結果について（ディリ等）」）
「その他」がどの分野を指すかなど、曖昧な部分も含まれている。けれども、死亡者のほとんどは、日本が打診されている施設業務とは異なる任務に就いていた。
　これとは別に、調査結果は、いくつかの死傷事件についても箇条書きでまとめている。死亡事件のみを拾うなら、デング熱、銃撃戦、民兵の襲撃、交通事故、ヘリ墜落とその原因は多岐にわたる（同右）。これらのうち、のちの調査で最も危惧されるようになるのが、意外にも交通事故であった。第二次専門調査団の調査結果には、「最も危険が高いのは交通事故であり、車両の運行には注意を要する」と記されている。東ティモール現地では、所々で道路が陥没し、信号機、車両ナンバープレートいずれもない。交通ルールすらないに等しかった。かかる状況下、夜間バイクを走行していた日本のNGO職員が、陥没で転倒し、意識不明重体に陥る事故も起こっていた。その半面、紛争当事者の脅威については、「民兵の活動による治安悪化は特にない模様」との分析が加えられている（国際協力室「東

チモール第二次専門調査団調査結果（陸幕防衛部参加部分：二三日〜二五日）」）。

かくして、第二次専門調査団の眼には、殺戮《さつりく》を重ねた紛争当事者よりも、インフラ未整備の方が脅威に映っていたわけである。併合派民兵を凌ぐ脅威がこれほど身近なものだったとは、調査前の日本には思いもよらなかったであろう。

†PKFからPKOへ

東ティモールでの調査が重ねられていくなか、PKF凍結解除がいよいよ佳境に入っていく。一一月二二日に衆院審議入りした国際平和協力法改正案は、PKF凍結規定（附則）の削除と同時に、武器使用基準の緩和を目指すものだった（『朝日新聞』二〇〇一年一一月二二日夕刊）。これまで、自衛隊の武器使用は自己防衛の必要最小限に限られてきたが、改正案では「自己の管理下に入った者」も防護対象に含まれていた（『日本経済新聞』二〇〇一年一二月八日）。

改正案自体は一二月七日に可決されるが（「第百五十三回国会参議院会議録第十八号」『官報号外』二〇〇一年一二月七日）、問題は、適用想定地域はどこかである。法案成立前後で焦点に躍り出ていたのが、アフガニスタンだった。先行き不透明ながらも、タリバン政権崩壊後のPKO設置を見据え、日本政府は動き出していた（『日本経済新聞』二〇〇一年一二月八日）。

アフガニスタン情勢とは好対照に、東ティモールではPKOがすでに設置済みであった。すでに触れたように、UNTAETが日本に打診した業務は、道路・橋梁の維持・補修に他ならない。つまり、審議に付されていたPKFとは、任務内容が大幅に懸け離れていたわけである。政府調査団、専門調査団がファクトを「発掘」してきたにもかかわらず、国会審議でさして注目を浴びなかったのは、比較的PKFとの結び付きに乏しかった点にも求められよう。

さりながら国連は、国内論議の成熟を待ってはくれなかった。翌二〇〇二年二月、国連事務局から正式要請（口上書）が届く。同文書は、パキスタン、バングラデシュの交替要員として、自衛隊施設部隊六四〇名、司令部要員一〇名の派遣を求めるものだった。なお、自衛隊の東ティモール展開時期については、前者が三月から四月、後者が二月下旬から四月上旬の間と記されていた（外務省総平大河内発内閣府殿岡他、防衛庁竹丸他宛「国連正式要請」）。

正式要請を受け、外務本省では、二月一五日の閣議決定に向けた準備が着々と進められていた。その一環として、閣議にくわえ、前日の事務次官等会議での外務次官用の発言要旨が作成されている。なかでも直近の閣議決定ついて、同文書は「我が国の東チモールへの協力をより多面的なものとする画期的な決定」と特徴づけた（「東チモールへの自衛隊部隊等の派遣（東チモール国際平和協力業務に係る国際平和協力法上の「実施計画」及び政令に関する閣議決定（二／一五）への共同請議及び外務大臣〔閣議〕及び次官〔次官会議〕発言要旨（案））」）。遡《さかのぼ》るなら、文民警察官らの帰国以来、日本政府は資金協力を絶え間なく実施してきた。一九九九年一二月の第一回東ティモール支援国会合（東京開催）の場で、政府は三年間で復興・開発支援一億ドルを表明し、二〇〇二年五月には一億四六〇〇万ドルに達している（国際協力事業団アジア第一部「JICAの対東ティモール復興・開発支援総括報告書」）。他方、東ティモール現地での人的貢献は、UNTAET発足後二年以上を経ても途絶えたままであった。いわば、東ティモールへの自衛隊派遣は、政府にとって立体的な貢献を備うるばかりでなく、残された選択肢の追求でもあったのだろう。

二月一五日に開かれた閣議では、予定通り実施計画などが決定され、自衛隊は三月二日以降逐次日本を後にした（「東ティモール国際平和協力業務実施計画」。「東ティモール国際平和協力業務の実施の結果」）。文民派遣、資金協力に次ぐ、第三のアプローチがここから徐々に現れるようになる。

†施設業務と安全確保支援

東ティモール入りを果たした自衛隊施設部隊は、首都ディリ、マリアナ、スアイ、オクシの四カ所に配置され、ほどなく業務引継の時期を迎えていく。四月一五日にはパキスタン工兵大隊と、五月一日にバングラデシュ工兵大隊と部隊交代式を終え、業務・資材を正式に引き継いだ。ディリで一部遅滞がみられたものの、引継の多くは四月中に完結している（『東ティモールＰＫＯ行動史』）。かかる施設部隊の展開時期は、国連の正式要請に概ね沿うものであった。

その後、五月二〇日に東ティモールが悲願の独立を果たすと、ＵＮＴＡＥＴは予定通り任務を終えていく。そのＵＮＴＡＥＴの任務を、規模縮小しながら継受したのが、国連東ティモール支援団（ＵＮＭＩＳＥＴ：United Nations Mission of Support in East Timor）であった（S/RES/1410）。あたかもＰＫＯの移行状況に呼応するかのように、自衛隊も漸次《ぜんじ》縮小を図るが、活動内容はより広範に変貌を遂げていく。

自衛隊施設部隊は四度の交代を経て、二〇〇二年三月から二〇〇四年六月まで派遣され、一二〇件に及ぶ道路・橋梁の維持・補修業務を実施した。この間、東ティモール政府の要請に応じ、施設業務で用いたトラック、ブルドーザー、プレハブ建物などを譲与している（「東ティモール国際平和協力業務の実施の結果」）。元来、施設機器の本国への移送には、コストがつきまとう。それゆえ現地政府への贈与は、日本側にとって望ましく、カンボジアＰＫＯでの経験が反映された措置でもあった（Hiroaki Takano, "Military Support to Civilian Capacity Building"）。そしてこの試みが、のちの前例なき成果への伏線となる。

自衛隊が担当した数ある施設業務のうち、主要補給幹線（MSR：Main Supply Route）整備は、とくに重要と目されてきた。なぜなら、MSRによって、UNMISET要員の移動、物流を確保し、民生の安定に寄与するからである（川又弘道「東ティモールにおける自衛隊の活動」、軍事史学会編『PKOの史的検証』）。その最大規模のものとして、道路補修作業「MSRカプチーノ」が挙げられねばならない。もともとは、第一次隊が施工し、第三次隊が復旧した山間部のMSRであったが、第四次隊到着時には集中豪雨で大部分が崩壊していた。そこで彼らは、オーストラリア工兵隊との協同、現地役務の活用などにより、およそ二カ月でMSRの開通に漕ぎ着けている（『東ティモールPKO行動史』）。

およそ二年三カ月の間、自衛隊は緊急事態対応にも迫られていた。二〇〇二年一二月四日午前、ディリ市内でデモが発生し、警察の発砲を機に大規模な暴動へと発展した。東ティモール政府、国連警察では一時統制不能に陥り、ほどなく民間人四一名（中国人七名、シンガポール人五名、東ティモール人四名、インドネシア人三名、オーストラリア人三名、スリランカ人一名、台湾人一名、日本人一七名）が、自衛隊のディリ宿営地に避難受け入れを求めるようになる。そこで第二次隊は、人道的観点から収容に踏み切り、給食、入浴などにくわえ、ディリ市内の治安情報も提供した。このような安全確保支援は、日本史上初の試みであった（同右）。

カンボジアで巡回による抑止を演じた自衛隊は、東ティモールでは全く異なる安全確保の方式を模索していたのである。だが、自衛隊が新たに着手した任務は、これだけではなかった。

†CMA

MSRの維持・補修、避難受け入れの傍ら、自衛隊は民生支援活動（CMA：Civil Military Affairs）にも携わっていた。そもそも、UNMISETのCMAは、安全情報入手を目的に、主として自隊の活動地域で施されたものであった（田邉揮司良「東ティモールPKOに参加して」『外交フォーラム』）。CMAについては、『朝日新聞』でも記事が組まれ、「非政府組織〔中略〕や日本の青年海外協力隊のような活動ぶり」と報じている。この内容のみに依拠しても、有用微生物群（EM：Effective Microorganisms）菌を用いた堆肥《たいひ》作りの指導（タイ）、ジーンズの提供、テコンドー教室開催（韓国）、学校建設協力（シンガポール）など、数え上げれば切りがない（『朝日新聞』二〇〇三年五月七日）。

それでは、自衛隊の取り組みはどのようなものか。その核となるのが教育であり、譲与機器を用いた二つのアプローチが誕生する。第一に、自衛隊帰国後の継続的なインフラ整備を目指し、東ティモール政府職員に「工事計画・管理教育」を実施していた。だが、工事の見積、計画、実行（監督含む）を自らこなすスキルを備えても、壊れた場合の対処が覚束《おぼつか》ない。そこで第二に、「施設機械整備教育」が企画されるようになる。地域ロードサービス職員（インフラ省下部組織）から希望者を募り、修理技術の向上を図ったのであった（田邉「東ティモールPKOに参加して」。『東ティモールPKO行動史』）。すなわち自衛隊は、教育を始点に、持続可能な能力構築支援を試みたわけである。

第三次隊を率いた田邉《たなべ》揮《き》司《し》良《ろう》によれば、二〇〇三年一〇月、カマレシュ・シャルマ（Kamalesh Sharma）UNMISET特別代表が自衛隊の活動を安保理で報告するかもしれないとの連絡を長谷《はせ》川《がわ》祐弘《すけひろ》同副特別代表から受けていたという。しかもそれは、過去に例をみないばかりか、UNMISET内の反対を斥けたものでもあった。長谷川からの連絡は、ほどなく現実となる（同右）。

ここで私は、東ティモールにおいて道路網の主要幹線を維持すべくUNMISET軍事部門の工兵隊が取り組んでいる、非常に有益、かつ欠かせない活動に安保理の注目を集めたい。〔中略〕日本の自衛隊施設部隊が築いた素晴らしい土台に基づき、事業を進めるためには、この分野における継続的な支援とキャパシティ・ビルディングが最も重要である。

(S/PV.4843)

シャルマの言に則《のっと》るなら、自衛隊の貢献は、東ティモール住民向けのインフラ整備教育だけにとどまらない。UNMISET、およびその参加国に対しても、中長期的な復興を敷くモデルケースを提供したともいえよう。

他方、自衛隊のCMAには、一部防衛交流と交錯したものもある。特筆すべきは、韓国とのPKO協力であろう。飛び地のオクシでは、韓国歩兵大隊が治安維持を担い、自衛隊施設部隊が道路・橋梁の改修作業に着手するという分業が成立していた。業務上の分担だけでなく、二つの部隊はサッカーのミニワールドカップまで共催し、交流を深めている（仮野忠男「論壇　東ティモール　自衛隊の「日韓PKO協力」実現の持つ意味」『月刊官界』。『朝日新聞』二〇〇二年六月二八日夕刊）。

奇しくも、日韓PKO協力に至る過程は、歴史教科書問題、小泉首相の靖国神社参拝などが相次ぎ、日韓関係が急速に冷え込んでいく時期とも重なる（寺田輝介『外交回想録　竹下外交・ペルー日本大使公邸占拠事件・朝鮮半島問題』）。それにもかかわらず、PKOでは、実に好対照な関係が築かれていた。たとえば、パク・テヨン東ティモール派遣韓国国軍代表、クワン・イル・ノウー在京韓国大使館一等書記官は自衛隊とのPKO協力を歓迎したし（国際平和協力本部事務局「東チモール国際平和協力業務に関する応答要領」）、二〇〇二年二月四日に再開した安全保障対話の席で、日韓はオクシでの連携を申し合わせてさえいる（仮野「論壇　東ティモール　自衛隊の「日韓ＰＫＯ協力」実現の持つ意味」）。とかく関係悪化が叫ばれがちな時代にあって、水面下では例外的な合意形成がなされていたのである。

　カンボジアＰＫＯ参加からおよそ一〇年、自衛隊が担う国際平和協力業務の地平は、格段に拡がりつつあった。ＣＭＡ、暴動発生時の避難受け入れなどは、その好個《こうこ》の例とさえいえよう。ただ、ＰＫＯが設置される場は、より複雑さを帯び、直面する事態も多様な姿をみせるようになっていた。とくに暴動発生への対応は、重い問いを投げ掛ける。すなわち、文民の保護に伴い、自衛隊が襲撃を受けたとき、いかに処すべきか。東ティモール以前にもみられたように、結局この問題に立ち戻らざる得ない。異例尽《づ》くめの成果に恵まれた東ティモールＰＫＯ参加であったが、歴史的なアポリアも同時に映し出していたのである。

第七章

転換の諸相
――ハイチと南スーダン

ジュバ市内で、バングラデシュ部隊と避難民キャンプの外壁設置作業を行う陸自隊員
（2016年7月1日、小泉大士撮影、Ⓒ毎日新聞）

†民主党政権誕生――ハイチ大地震

二〇〇四年六月、東ティモールから陸上自衛隊が帰国した。施設部隊の派遣としては、過去最大規模（当時）の二二八七名が携《たずさ》わった業務が終わりを告げると、しばらく自衛隊のPKO参加は落ち着きを取り戻していた（内閣府『平和への道』。Cabinet Office, *Road to Peace*）。この状況と裏腹だったのが、内政に他ならない。二〇〇九年八月三〇日の衆院選で、三〇八議席を単独で獲得した民主党は、社会民主党、国民新党との連立を選び、本格的な政権交代が実現した（日本再建イニシアティブ『民主党政権 失敗の検証』）。鳩山由紀夫《はとやまゆきお》率いる新内閣は、七〇%を超える高支持率を背景に（『朝日新聞』二〇〇九年九月一八日）、「政治主導」を謳いながら次々と改革を打ち出した。普天間基地県外移設、事業仕分けなどへの対応は記憶に新しい。それらがメディアを賑わせたまま年が明けると、今度は自然災害からPKOへと道が通じていく。

二〇一〇年一月一二日、ハイチの首都ポルトープランス周辺をマグニチュード七の激震が襲った。二〇〇四年六月以来、現地では国連ハイチ安定化ミッション（MINUSTAH：United Nations Stabilization Mission in Haiti）が活動していたが、その本部庁舎も崩壊、多数の行方不明者を出していた（S/2004/698.『朝日新聞』二〇一〇年一月一三日夕刊）。

日本政府の初動は迅速だった。直後、UNICEF、世界食糧計画（WFP：World Food Programme）などを通じた上限五〇〇万ドルの無償資金協力を決定する。くわえて、国際緊急援助隊医療チームを一月一六日から二九日まで派遣し、延べ五三四名に診療を施してもいた。副団長を務めた畑倫明《はたみちあき》島根大学医学部附属病院救急部講師によれば、ハイチの治安が「劣悪」だったため、従来とは異なる医療スタッフ抜きのチーム編成が組まれ、現地ではスリランカ軍の警護を受けたという。最終的に医療チームの業務を引き継いだのが、自衛隊であった（独立行政法人国際協力機構国際緊急援助隊事務局「ハイチ共和国における地震に対する国際緊急援助隊医療チーム活動報告書」）。

自衛隊派遣の道筋に入る前に、ハイチPKO参加の背景に何があったのか。地震発生後の一月一五日、鳩山政権は、「対テロ戦争」に伴うインド洋上での給油支援活動に終止符を打った（「テロ対策海上阻止活動に対する補給支援活動の実施に関する特別措置法に基づく補給支援活動の結果」）。折しも、米軍基地移転問題が長引き、アメリカ政府から不興を買った時期とも重なる。政府が対米関係の修復に迫られたところに、「アメリカの裏庭」で地震が発生し、自衛隊の派遣へと乗り出していったとされる（上杉勇司「ハイチ」、上杉他編『国際平和協力入門』）。

医療チームが診療を重ねていた一月一九日、安保理は決議一九〇八を採択し、MINU

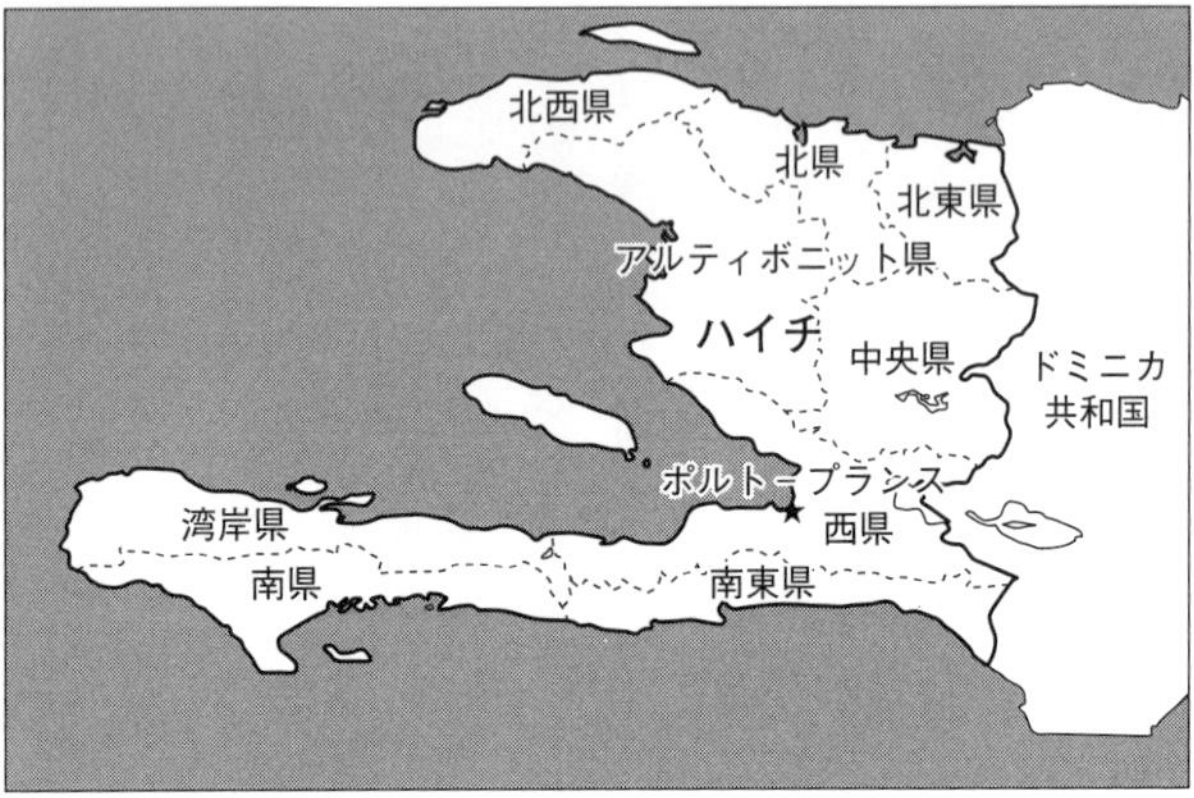

ハイチ
出典：「ハイチ国際平和協力業務の実施の状況」2012年1月（2021-00406）を修正。

STAHの任務に復興支援を加えただけではなく、要員増派も決定した（S/RES/1908）。自衛隊の派遣に適した内容とはいえ、治安という障壁が立ちはだかっていた。鳩山政権はどこに足掛かりを見出し、MINUSTAHへと駒を進めていったのだろうか。

「社会的な混乱」――停戦合意原則の省略

決議一九〇八採択後、国連は要員派遣を要請し（「ハイチ国際平和協力業務実施計画」）、日本政府は一月二五日、自衛隊施設部隊をMINUSTAHに参加させる用意がある旨を国連に通報した。この申し出を国連が受け入れると、政府内では派遣準備が本格化していく（国際平和協力室「外務大臣記者会見 発言要領案」）。

並行して、与党内調整も進められた。基本政策閣僚委員会の席で、社民党党首の福島瑞穂《ふくしまみずほ》は、（一）五原則を外れた際の即時撤退、（二）自衛隊員への徹底した事前研修などの条件を提示した。連立内閣はそれらへの留意を確認したのち、自衛隊の参加を了承する（『朝日新聞』二〇一〇年一月二六日）。新決議採択から、わずか一週間で派遣の方針が固まったわけである。

（一）のうち、注意を要するのが、紛争当事者間の停戦合意に他ならない。もっとも、この点に限るなら、それまでのPKO論議の傾向とさして変わらない。けれども、民主党政権下の解釈は、従来までとは異なるものである。彼らが論拠に据えたのが、国際平和協力法第三条に定められた「武力紛争がいまだ発生していない場合において、当該活動が行われる地域の属する国の当該活動が行われることについての同意がある場合」（国際連合平和維持活動等に対する協力に関する法律）という条文であった。一月二七日、岡田克也《おかだかつや》外相は、ハイチへの同条文の適用を謳ったのち（「第百七十四回国会参議院予算委員会会議録第二号」二〇一〇年一月二七日）、こう答弁している。

確かにハイチにはその治安状況について若干問題があり、だからこそPKO部隊が展開をしているわけであります。

しかし、それは何か反政府勢力があって、そして政府と対立するということではなくて、政府はしっかりあります、建物は壊れましたが。大統領も依然として当然しっかりと、何といいますか、ハイチの国を統治しておられるわけであります。 （同右）

岡田は治安の悪さを認めつつも、ハイチでは紛争はおろか、対立の構図すら成立していないというのである。この点、「武力紛争というたぐ《ママ》いのものではない」と答弁した鳩山にいわせれば、現地の状況は「社会的な混乱」に属する（同右）。

とはいえ、「反政府勢力」の存在は認められる。それでは、この勢力はどう位置づけられるのか。日本政府の考え方では、かかる武装勢力は非公式、かつ組織化されていないと分析されていた（『朝日新聞』二〇一〇年一月二六日）。すなわち、鳩山政権のハイチ観は、現地の環境、主体の双方から停戦合意原則の必要を打ち消すものといえよう。民主党政権誕生前、PKO論議の多くは停戦合意を俎上に載せて蓄積されてきた。だが、鳩山政権下では、第三条を盾にそれを省略する手法が用いられている。このようなアプローチは、一九九二年以来踏襲されてきた国際平和協力法の運用とかけ離れたものであった。

†決定から活動へ

鳩山政権による変則的な五原則の扱いは、結局最後まで貫かれた。国会議事録を検索すると、岡田の発言から二月五日の閣議決定までの一〇日間、MINUSTAH参加に意欲を示す発言が窺える半面、現地情勢は本格的に扱われていない（「国会会議録検索システム」）。国会でさして議論が重ねられないまま、自衛隊の被災者支援などを盛り込んだ実施計画が、短時日で閣議決定に至ったのである（「ハイチ国際平和協力業務実施計画」）。

こうした状況を、国内の政治環境で捉える向きもある。いまや民主党や社民党は、野党ではなく、政権与党の座を占める。鳩山政権発足後も、自民党は自衛隊海外派遣を推進する側に変わりはない。いわば、「与党＝民主党・社民党」、「野党＝自民党」という構図が形成された結果、PKO参加が以前より容易くなったとする（半田滋『検証 自衛隊・南スーダンPKO』）。MINUSTAH参加の早期決定は、かつて現出した「PKO与党」でも、二大政党連立でもない、特殊な政党間関係の所産であった。

派遣決定にくわえ、自衛隊の派遣も早期に実現した。山本雅治《やまもとまさはる》第一次ハイチ派遣施設部隊長の証言によれば、編成完結、防衛大臣からの隊旗《たいき》授与を終え、日本を後にしたのは、閣議決定翌日のことである。国連の要請から数えても、わずか二週間しか経ていない。自然災害に伴うPKO参加は過去に類例がないし、自衛隊の訓練・準備も通常は半年近くを要する。にもかかわらず、異例の日数で派遣が実現した背景の一つに、自衛隊における新組織編成があった。二〇〇八年の中央即応連隊（CRR：Central Readiness Regiment）設置後（宇都宮駐屯地）、PKOも見据えた待機態勢を維持しながら、兵站組織も交えた訓練がすでに繰り返されていたという（山本雅治「他国のモデルになった日本隊」、桜林監修他『自衛官が語る海外活動の記録』）。

ハイチには延べ約二二〇〇名の施設部隊などが派遣され、二〇一〇年二月から二〇一二年一〇月までの間、（一）解体・瓦礫《がれき》除去四五件、（二）敷地の整地・造成四五件、（三）道路補修一一件、（四）施設建設（軽易）二〇件、（五）物資輸送四三件、（六）その他（クレーン支援など）五八件を担当した（カリブ室他「我が国の対ハイチ緊急・復興支援（大地震発生以降）」）。うち際立っているのは、「草の根・人間の安全保障無償資金協力」（草の根無償）を司る在外公館との連携だろう。そもそも地震発生前から、在ハイチ日本国大使館が、草の根無償の枠組みでマルパセ孤児院、シグノ結核療養所への支援に乗り出していた。やがて自衛隊が現地入りすると、二つの組織間で分業が成立するようになる。マルパセ孤児院では、自衛隊が女子寮や倉庫をPKO即効事業（QIP：Quick Impact Project）で、大使館が職業訓練校などを草の根無償で建設している。シグノ結核療養所では、自衛隊が洗濯場、大使館が井戸の建設を担った。別々の財源に基づく組織間の連携は、MINUSTAH参加で初めて実現されたものであった（浦上法久他「ハイチ」、上杉勇司他編『世界に向けたオールジャパン』)。

自衛隊の連携対象には、ときにNGOも含まれる。たとえば、ピースウィンズ・ジャパン(PWJ:Peace Winds Japan)は、自衛隊と事前に調整したのち、MINUSTAH司令部統合活動タスク策定センター(JOTC:Joint Operations and Tasking Centre)に支援要請を提出している。そして、JOTCの指示を経て、自衛隊は瓦礫除去、整地に着手するというアプローチがとられた。難民を助ける会(AAR:Association for Aid and Relief)との連携でも同様の手順が踏まれ、自衛隊は盲学校施設(倒半壊)の解体・除去を請け負った(同右)。自衛隊とNGOの連携は、PKO司令部からの指示を得る呼び水となったのである。

これらの活動では油圧ショベル、ドーザーなどの土木建設機械が利用されたが、宿営地の医療用エックス線撮影機材とともに、ハイチ政府に譲渡されている(菅野隆「ハイチの未来のために日本隊が残したもの」、桜林監修他『自衛官が語る海外活動の記録』)。二〇一三年撤収時に実施された施設機器の譲渡は、すでに東ティモールでの前例がある。ハイチ政府への譲渡もその延長線上にあるが、幾分趣が異なる。その発端は、二〇一一年一二月の武器輸出三原則緩和に求められよう。野田内閣の下で「平和貢献・国際協力に伴う案件については、防衛装備品等の海外への移転を可能とする」と修正が加わり、ハイチに譲渡された装備品四輌は、同規定に依る初めての措置だった(同右。「「防衛装備品等の海外移転に関する基準」についての内閣官房長官談話」二〇一一年一二月二七日、『平成二四年版　防衛白書』)。装備品譲渡に伴う基準が、ハイチでより明確化するようになったのである。

†南スーダン独立——現役事務総長訪日

ハイチでの活動の傍ら、アフリカ大陸では五四番目の独立国家が産声をあげていた。二〇一一年七月九日、スーダン南部の分離がようやく叶い、晴れて南スーダン共和国が誕生する。国連安保理は、直ちに決議一九九六を採択、南スーダンにおける平和の定着、国家建設などを支援する国連南スーダン共和国ミッション（UNMISS：United Nations Mission in the Republic of South Sudan）を設置した（S/RES/1996）。

国連の行動は、日本政府にも向けられていく。最も際立っていたのが、潘基文《パンギムン》国連事務総長である。八月八日夜、事務総長自ら官邸を訪ね、菅直人《かんなおと》首相との会談に臨んだ。会談で、UNMISSへの陸上自衛隊施設部隊の派遣を潘が要請すると、菅は「しっかりと対応したい」と応じている。この回答は、三月一一日に発生した東日本大震災と無縁ではない。防衛省・自衛隊が災害対応に追われた直後だったため、慎重さを滲ませたものであった（『朝日新聞』二〇一一年八月九日）。

潘はまた、北澤俊美《きたざわとしみ》防衛相にも同様の申し入れをした。だが、北澤の考えは司令部要員

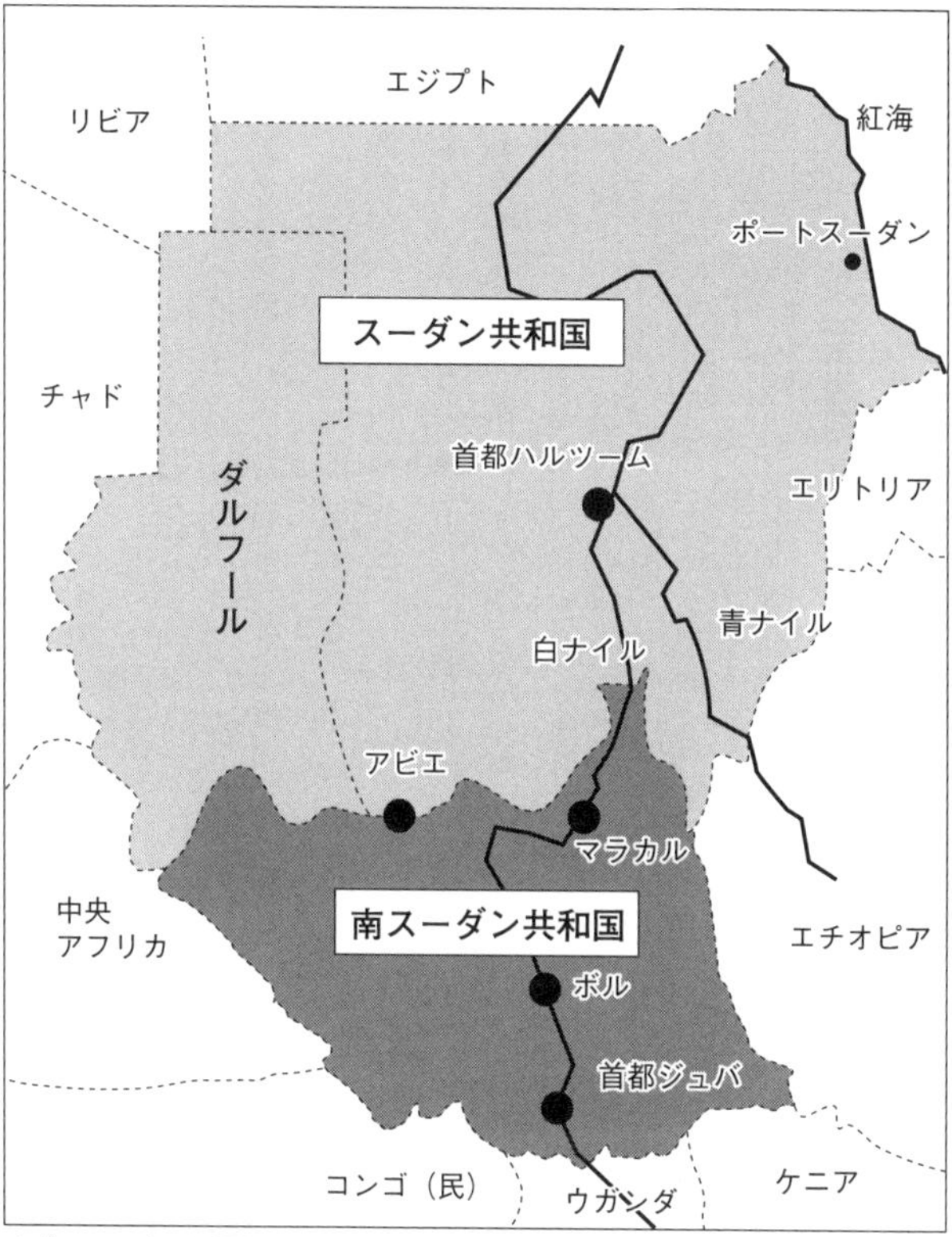

南北スーダンと周辺国

出典：外務大臣発在国連代、米国、英国、フランス、豪州、韓国、スーダン大使宛電信第116873号「南スーダンPKO（施設部隊派遣の準備発言：官房長官による対外発表）」2011年10月27日（2021-00405）を修正。

の先行派遣であり、潘の要請をそのまま受け入れたわけではない。なぜ、施設部隊の派遣ではないのか。北澤は、「東日本大震災がまだ全部片づいていない状況の中で、今すぐこれを検討するという段階には来ていない、そういう国内事情も十分御理解をいただきたい」と応じたという（「第百七十七回国会衆議院海賊行為への対処並びに国際テロリズムの防止及び我が国の協力支援活動等に関する特別委員会議録第二号」二〇一一年八月一〇日）。マグニチュード九・〇、最大震度七という激震により、日本と国連の歯車は、出だしから嚙み合わなかったのである。

それに、UNMISS発足以前から、菅内閣の足元は動揺を来していた。三・一一、続く原発事故への対応で評判を落としただけではない。四月の統一地方選挙で苦杯を嘗《な》め、世論の風当たりは強まっていた。六月には自公が内閣不信任案を上程し、小沢グループがこれに同調する構えをみせ、一時は可決寸前であった（石川真澄他『戦後政治史　第四版』）。民主党内外において、「菅おろし」の風が吹き荒れる一方だったのである。国内政治で南スーダンPKOが再浮上したときには、すでに野田内閣の時代に移り変わっていた。

†「とにかく出す」――野田内閣の基本方針

「総理就任おめでとう」。野田内閣発足後の二〇一一年九月六日一九時四〇分、潘と野田の電話会談がはじまった。国連側が申し入れた会談で、潘はこう切り出し、野田と感謝の言を交わしながら話を本題へと進めてゆく。そして潘は、リビア、アフリカの角、スーダン、中東和平などでの日本の積極的な役割に期待を示した。対して野田は、自ら南スーダンに絞り、「その国造りに対し可能な限りの支援を行っていく」、「貴事務総長から菅前総理に施設部隊派遣の要請があったと承知している。我が国として、如何なる貢献が可能か真剣に検討したい」と応じた（外務大臣発国連代大使宛電信第九四八〇八号「野田総理と潘基文国連事務総長の電話会談（記録）」）。

このような言辞は、二週間後の国連総会一般討論演説でより具体性を帯びていく。UNMISSへの貢献について、野田は「日本の得意分野で是非とも貢献したいと考えます」と述べ、司令部要員の派遣準備を明かした。菅政権がさほど触れなかった施設部隊の派遣に関しては、現地調査の実施を掲げてみせた（「第六六回国連総会における野田内閣総理大臣一般討論演説」二〇一一年九月二三日、首相官邸HP）。野田は、前政権の司令部先行派遣案を継受する一方、施設部隊の派遣に駒を進めたのである。

まずは野田の言動を跡付けたが、内閣としての基本方針はどのようなものか。この点、官房長官を務めた藤村修《ふじむらおさむ》の回想録に詳しい。

官房長官はＰＫＯ事務局の担当大臣として、外務省、防衛省、内閣のＰＫＯ事務局の三つを調整する役目でした。当時は、まだゴラン高原も撤収していません。ハイチにも出していますし、東ティモールにも出ています。つまり、日本の政府として同時並行で四つ目を決めるという状況でした。ただ、野田首相は海外へのＰＫＯ派遣に対しては積極姿勢だったので、僕はその方向で、とにかく出すためにどうしたらいいかという指示をして、そういう検討をしてもらいました。

（藤村修『民主党を見つめ直す』）

三つの派遣先のうち、東ティモールが最小規模である。二〇一〇年九月から約二年間、軍事連絡要員二名（四回）、連絡調整要員一名（逐次）を派遣していた（「東ティモール国際平和協力業務の実施の結果」）。遡るなら、東ティモールは菅内閣、ハイチは鳩山内閣、ゴラン高原に至っては村山自社さ連立内閣下の派遣決定である。いわば野田内閣は、それまでのＰＫＯ参加実績を維持する役割を果たしたに過ぎない。だが、「四つ目」は異なる意味をもつ。実現すれば、野田や藤村にとって、「とにかく出す」を体現した初の派遣決定となるからである。

†ジュバ――活動拠点の選定

九月初旬から一〇月下旬にかけ、内閣府、外務省、防衛省は、南スーダンでの現地調査に着手していた。その際、南スーダン政府から日本のPKO参加に同意を取り付け、UNMISSからは国際平和協力法上の派遣要件につき理解を得た。とりわけ後者では、武器使用も辞さない「文民の保護」業務が、自衛隊施設部隊に付与されないよう確認まで取っていた（内閣府他「南スーダンPKO派遣検討に係る調査出張報告（概要）」、外務大臣発在国連代他宛電信第一一六八七三号「南スーダンPKO（施設部隊派遣の準備発言：官房長官による対外発表）」）。調査段階ではあるが、事前の環境整備にも抜かりがない。

だが、UNMISS、南スーダン政府の反応だけで、派遣の可否を断じるわけにはいくまい。慣例からしても、治安の評価が不可欠である。調査出張報告では、治安について一部比較の文脈で綴られている。首都ジュバ（南部）の部分では、「脅威となる勢力は存在していない。地雷は、同市周辺には存在するが場所が特定されている。市内では地雷の脅威はない」とする。その一方、マラカル（北部）については、なぜか市単位で記されていない。スーダンに国境を隣接するゆえなのか、マラカルが位置する上ナイル州の括りで描かれ、「反抗的な武装勢力の活動の継続及び北部からの難民の流入、並びに部族間衝突が懸念材料であり、総じてジュバよりも情勢が流動的」と指摘した（同右）。国際平和協力法への抵触、自衛隊への襲撃を避けるうえで、どちらが活動拠点に相応しいかは、もはや衆目の一致するところだろう。

ジュバの治安を野田、藤村に報告したのが、石田勝之《いしだかつゆき》内閣府副大臣（国際平和協力本部など担当）であった。一〇月二四日、自身も調査に携わった石田は「ジュバは平穏で脅威もない。四月ごろに雨期に入ると作業が困難になるので、早めに部隊を出した方がいい」と具申し、野田は「よく分かりました」と返答した（『朝日新聞』二〇一一年一〇月二五日）。

北部の情勢不安は、その後も続いた。一〇月二九日、反政府武装勢力がユニティ州を襲撃、政府治安部隊との武力衝突に発展する。交戦での死亡者は、少なくとも四五名を数えた。事態を踏まえ、三一日午前には、野田、藤村、玄葉、一川保夫《いちかわやすお》防衛相が官邸に入り、藤村が協議後の会見に応じている。藤村は、「（部隊派遣の候補地の）首都ジュバから約500キロ《ママ》離れている。先に派遣した現地調査団からは、全般的に国連への直接の脅威はないと報告を受けている」と明かし、判断への影響を否定した（『朝日新聞』二〇一一年一〇月三一日夕刊）。

このうち、ジュバからの距離については、若干補足を要しよう。先の報告は、反抗的武装集団の存在、部族間衝突に触れ、こう分析した。「ジュバから数百キロ以上離れた遠隔地であり、輸送インフラ未整備ゆえ移動に制約があるため、他地域への波及効果なし」（内閣府他「南スーダンPKO派遣検討に係る調査出張報告（概要）」）。国内の低開発は、たしかに国連の食料輸送などで妨げになりかねない。その半面、脅威の伝播も防止し、ジュバに展開する自衛隊にとっては、危機管理上の利点にもなり得るのである。

特定の派遣先を拠り所に、事を有利に運ぶ。およそ二〇年前のカンボジアでの経験が、地域や政権党を変えて再現されたかのようだった。脅威から距離を置いた地域の存在こそ、日本をＰＫＯ参加へと向けさせる一つの誘因なのである。そして一二月下旬、野田内閣は、施設部隊（最大三三〇名）、現地支援調整部隊（最大四〇名）の派遣をついに閣議決定する。すでに司令部要員二名がＵＮＭＩＳＳでの任に就いていたから、それに続く措置だった（外務省報道発表「国連南スーダン共和国ミッション（ＵＮＭＩＳＳ）への国際平和協力隊（施設部隊等）の派遣について」）。潘の意向を汲んだ「とにかく出す」手筈が、ここでようやく整ったといえよう。

二つの自衛隊——施設部隊と「現地支援調整所」

二〇一二年一月、ＣＲＲを基幹とする施設部隊が南スーダン共和国に次々と展開した。彼らはまず、ジュバ空港隣接の国連施設ＵＮトンピン地区に宿営地を構え、そこを足場に排水溝浚渫《しゅんせつ》作業、中央道路の暗渠《あんきょ》整備に着手した。これらを皮切りに、施設部隊は道路をはじめ、インフラ整備などに傾注していく（坂間輝男「中央即応連隊の信条をもって任務遂行」、桜林監修他『自衛官が語る海外活動の記録』。内閣府『平和への道』。Cabinet Office, *Road to Peace*)。この点、ハイチでの経験と多分に通じていよう。

もっとも、同時期に南スーダン入りしたのは施設部隊だけではない。「現地支援調整所」配属要員も派遣されている。この「現地支援調整所」設置こそ、一つの画期であった。すでに論じたが、ハイチ到着以来、自衛隊はNGOとの連携業務を深めていた。けれども、施設部隊は半年交代で入れ替わるため、NGO側が調整作業にしばしば難航し、事業計画によっては沙汰止みとなる。そこで、施設部隊本隊とは別個に「現地支援調整所」を編成したのち、より長期的観点から現地ニーズ調査、対外調整を担わせるに至った(村上友章「自衛隊による国際平和協力の到達点」。本多『平和構築の模索』)。それは、自衛隊が他のアクターと接触する期間を単に増やしただけではない。さながらパイプのように、関係強化を図る機能が埋め込まれたものであった。

かくて、UNMISSでオールジャパンが胎動する。上杉勇司《うえすぎゆうじ》(早稲田大学)の算出によれば、二〇一三年一二月の武力衝突で連携が中断されるまで、八件がオールジャパン連携に該当するという。衝突の詳細は後述するが、うち六件を占めたのがJICAであった。対照的に、NGOが関与したものは、日本紛争予防センター(JCCP:Japan Center for Conflict Prevention)による元ストリートチルドレン向け職業訓練(調理技能)に限られる。

同訓練は、自衛隊宿営地での一部実施を認められたものだったし、JICA草の根技術協力事業の一環でもあった。なお、その他の連携業務としては、従来までの道路整備・橋梁補修に加え、浄水場整備、廃棄物処理場拡張など多岐にわたる（上杉勇司「オールジャパン連携から見た南スーダン」、南スーダン・オールジャパン研究会編『省庁間・官民連携を通じた日本の国際平和協力を考える』）。

オールジャパンが機能しはじめる半面、野田内閣は差し迫った課題に襲われていた。折からの島嶼《とうしょ》問題をめぐり、七月に野田は尖閣《せんかく》諸島の「国有化」に踏み切り、八月には李明博《イミョンバク》韓国大統領の竹島上陸を許した。弱腰外交の批判を耐え忍び、拗《こじ》れた中韓両国との関係改善を図る時間は、野田にほとんど残されていなかった。一二月一六日に迎えた衆院選で、民主党は議席数を二三〇から五七へと大幅に減らし、三年三カ月にわたる政権運営は終局した（石川他『戦後政治史』）。劇的な政権奪取を叶えた民主党だったが、その最期もまた然《しか》りである。二つの領有権争い、国内政局の変動によって、南スーダンPKOでの画期は、あたかも片隅に追いやられたかのようであった。

†「文民の保護サイト」下の活動

民主党の状況とは裏腹に、安倍晋三率いる自民党は、先の衆院選で二九四議席を獲得した。自民党が単独過半数を制し、政権党に返り咲いただけではない。連立を組む公明党の三一議席を合わせるなら、三二五議席を数える。法案の参院否決後に、衆院で再可決可能な三分の二をかろうじて上回っていた。一二月二六日には第二次安倍内閣が発足し、日本は、いわゆる「一強多弱」の時代へと突入する（後藤謙次『ドキュメント平成政治史3』）。絶対安定多数を背景に、安倍政権は、ＰＫＯ政策にかつてない転換をもたらすことになる。

他方、南スーダン情勢は、ますます見通しが立たなくなっていた。二〇一三年一二月一五日夜、ジュバの大統領警護隊舎で武力衝突が発生する。翌朝、サルヴァ・キール・マヤルディ（Salva Kiir Mayardit）大統領が会見を開き、七月に副大統領の任を解かれたリエク・マシャール・テニー（Riek Machar Teny）が裏で糸を引くクーデターとして非難した。一方のマシャールは否定しながらも、反政府勢力を結成し、政府軍との戦闘を繰り広げるようになる。キール率いる政府軍がスーダン人民解放運動／軍（ＳＰＬＭ／ＳＰＬＡ：Sudan People's Liberation Movement/Army）と名乗るのに対し、マシャールの軍はＳＰＬＭ／ＳＰＬＡ－ＩＯ（in Opposition）と呼ばれる。二つの勢力の交戦は、やがてジュバ市内からジョングレイ、上ナイル、ユニティと近隣三州にまで飛び火した。のちに停戦合意が成立するも、違反が後を絶たず、事態の収拾がつかなくなっていく（S/2014/158．紀谷昌彦『南スーダンに平和をつくる』）。

銃撃戦を受け、自衛隊は活動縮小へと転じる。一二月一七日、小野《おの》寺五典《でらいつのり》防衛相は、宿営地外での業務を自粛するよう、ＰＫＯに従事する部隊に指示した（『日本経済新聞』二〇一三年一二月一七日夕刊）。もっとも、思わぬ治安悪化に接し、行動変容を迫られたのは自衛隊に限らない。国連もまた、無縁ではなかった。

ＵＮＭＩＳＳ宿営地に避難民が押し寄せる事態に、国連はＰＫＯの強化で応じる。一二月二四日、安保理会合で決議二一三二が採択され、軍事要員一万二五〇〇名までの増員が決まっただけでなく、新任務として「文民の保護（protection of civilians）」が加わった（S/RES/2132）。後者の一環として、ＵＮＭＩＳＳは宿営地を開放し、国内避難民約二〇万人の受け入れに踏み切っていく。いわゆる「文民の保護サイト」の誕生である。「文民の保護サイト」で、施設部隊は、宿営地そのものの補修・強化、居住地域の敷地造成・外周整備を請け負った。そうしたインフラ整備以外にも、給水、検疫、医療支援なども担当している（上杉勇司「南スーダン」、上杉他編『国際平和協力入門』）。予期せぬ危機によって、一度は宿営地外業務の自粛を余儀なくされた自衛隊だったが、それまでの活動をＰＫＯの新たな枠組みに組み込んだのである。さしずめ、「文民の保護サイト」版施設業務の確立ともいえよう。

ところが、武力衝突の影響は、施設業務とは別の部分にまで及んだ。しかもそれは、類例なき要請のかたちで、日本側に伝わることになる。その発信元を辿っていくと、ある国の部隊が浮かび上がる。当時、竹島の領有権をめぐり、激しい火花を散らしていた韓国であった。

†弾薬譲渡

時計の針を少し戻そう。一二月一五日の衝突後、反政府側は攻勢を強めつつあった。一八日にはジョングレイ州の要衝ボルを掌握《しょうあく》し、戦闘は日増しにPKO要員や民間人も巻き添えにしていく。事態を憂慮したアメリカは、在留米人脱出支援でオスプレイを向かわせたものの、ジョングレイ州で武装集団の攻撃に遭い、米兵四名が傷を負った（『日本経済新聞』二〇一三年一二月二三日）。

折しもボルには、韓国工兵部隊が駐屯していた。避難民らが宿営地に雪崩込み、韓国隊は防護目的での武器使用を睨み、弾薬の確保に奔走しはじめる。一二月二二日四時四五分、韓国隊隊長は、井川賢一《いがわけんいち》第五次南スーダン派遣施設隊隊長に弾薬提供要請を発出した。およそ三時間後には、UNMISS軍司令部からも同様の要請が寄せられている。外交ルートでは、在京韓国大使館を経由したのち、外務省に接到した。このとき時計の針は、二三時三〇分を指していた（外務省「国連南スーダン共和国ミッション（UNMISS）に係る物資協力について」。Ministry of Foreign Affairs of Japan, Contribution in Kind to the United Nations Mission in the Republic of South Sudan (UNMISS))。一日も経たぬうちに、同種の要請が三回も出されるほど、ボルの状況は焦眉《しょうび》の急《きゅう》を告げていたのである。

異例の要請に接し、創設間もない国家安全保障会議（NSC : National Security Council）が開かれた。二三日正午、NSC四大臣会合、続く九大臣会合で弾薬譲渡を決め、閣議決定に至った。この間わずか二〇分である。四大臣会合以外は、いずれも持ち回りの決定であった（同右）。もっとも、NSCで交わされた議論の中身については、ブラックボックスの域を出ない。四大臣の一人として、史上初の決定に携わった小野寺によれば、「大きな視点の判断が必要だった」という（『朝日新聞』二〇一六年六月六日）。

決定後の二二時三五分、UNMISSの輸送を介し、弾薬一万発が韓国隊に無償で引き渡された。それでは、無償譲渡は、いかなる考え方に根差したものなのか。外務省の新開示文書によれば、韓国隊が不足に陥った五・五六ミリ普通弾は、UNMISS展開部隊の多くが保有している型ではない。同型の在庫を唯一保有していたのが、自衛隊だった。ゆえに「無償譲渡を行わない場合、韓国隊の隊員及び避難民の生命・身体の防護に支障が生じると判断し」た帰結だったといえよう（外務省「国連南スーダン共和国ミッション（UNMISS）に係る物資協力について」。MOFA, Contribution in Kind to the United Nations Mission in the

Republic of South Sudan)。

かかる判断に則り、「一刻を争う緊急事態」、「緊急の必要性・人道性が極めて高い」と捉え、安倍内閣は次の措置を講じた。すなわち、菅義偉《すがよしひで》官房長官が談話を発出し、武器輸出三原則などではなく、例外的に国際平和協力法第二五条「物資協力」に依る措置として弾薬譲渡に踏み切っていく（同右）。日韓PKO協力の姿は、東ティモールで成立した同一地域下の分業体制から装いを改めつつあった。こと南スーダンでは、異なる地域下での物の融通へと向かったからである。その意味で、弾薬譲渡は、過去の協力の模倣や再現ではなかった。

だが、弾薬譲渡は、対日感情の荒波に襲われる。提供を受けた韓国では、集団的自衛権行使容認などを掲げる安倍政権に資するとし、野党をはじめ、批判が巻き起こった。もともと韓国政府は、自衛隊から直接弾薬を受けたのではなく、UNMISSからの支援と説明してきた。しかも、その弾薬は予備扱いである。それでも国内の反発を抑え込めず、本国から銃弾入り物資が南スーダンに到着すると、韓国隊は直ちに譲渡分一万発をUNMISSに返還した（『朝日新聞』二〇一四年一月一一日）。全弾薬がUNMISSの手を離れ、自衛隊に届くのは、二〇一四年一月一六日のことだった（外務省「国連南スーダン共和国ミッション（UNMISS）に係る物資協力について」）。

なお、電話で直接要請を受けた井川であるが、一月一一日に宿営地で『毎日新聞』のインタビューに応じている。井川は、「韓国隊が危機にひんしているのを見過ごすわけにはいかないと感じた。何かあった場合、将来に禍根《かこん》を残すと考えた」と当時の胸中を明かしてみせた（『毎日新聞』二〇一四年一月一三日）。物資協力の根底には、呉越同舟《ごえつどうしゅう》の構造が潜んでいたのである。

†安保法制

武力衝突発生後、JICA、NGOの邦人職員は南スーダンを離れ、施設部隊はUNトンピン内での活動に制限された。その結果、オールジャパン連携は一時停止を余儀なくされていく。けれども、二〇一四年後半に治安が改善に向かいはじめると、JICA関係者が帰任するようになる（上杉「南スーダン」）。連携の土壌は再び整いつつあった。

折しも日本では、集団的自衛権の見直しで持ち切りだった。二〇一四年五月、全七回の会合の末に「安全保障の法的基盤の再構築に関する懇談会」（安保法制懇）が最終報告書をまとめ、「「必要最小限度」の中に集団的自衛権の行使も含まれると解すべきである」との文言を含めて提出した（安全保障の法的基盤の再構築に関する懇談会「「安全保障の法的基盤の再構築に関する懇談会」報告書」）。当初、安保法制懇の議論では、集団的自衛権の「全面解禁」が根強かった。他方、二〇一三年六月に礒崎陽輔《いそざきようすけ》首相補佐官に尋ねられた安倍は、「必要最小限度」のみを認める「限定容認」の立場を伝えている。安倍の意を汲んだ礒崎は、安保法制懇の事務方を担う兼原信克《かねはらのぶかつ》官房副長官補らに「必要最小限度」という枠を指示し、自身もこの枠を安保法制懇で委員に説明した。「限定容認」への布石は、事前に敷かれていたわけである（朝日新聞政治部取材班『安倍政権の裏の顔』）。

報告書提出後、「限定容認」の幅をめぐり、自公間で与党協議が加速した。最終的に、国民の生命、幸福追求の権利が「根底から覆される」という文言で合意に至り、二〇一四年七月一日に閣議決定された（読売新聞政治部編『安全保障関連法』）。だが、集団的自衛権の行使容認は、一九七二年以来の政府解釈と相容れない。ゆえに激しい批判が噴出するが、それは続く平和安全法制（安保法制）の国会提出でも同様だった。国会周辺で「自由と民主主義のための学生緊急行動（SEALDs：Students Emergency Action for Liberal Democracy-s）」を中心に反対デモが相次ぐなか、改正案一〇本、新法案一本を束ねた安保法制は、二〇一五年九月に成立する（細谷雄一『安保論争』）。その一つに、PKO関連の法律も含まれていた。

自身も安保法制懇の委員として携わった細谷《ほそや》雄一《ゆういち》（慶應義塾大学）は、集団的自衛権の行使などで内容が後退しながらも、「他方で国際平和協力活動や後方支援活動については大幅に拡充されることになり、今後より積極的な活動への参加が可能となる」という。これらの活動こそ、安保法制の「中核」に位置する（同右）。国際平和協力法は、紛れもなく「中核」業務の法的基盤だし、過去のPKO参加実績もそれを裏付ける。ならば、いったいどの部分に大幅な法改正が認められるのか。

最大の改正点は、武器使用基準である。二〇一五年の改正では、「安全確保業務」、「駆け付け警護」の実施など、任務遂行のための武器使用が新規に認められている（国際平和協力本部事務局『国際平和協力二五年のあゆみ』）。すでに触れたように、二〇〇一年の法改正に伴い、自衛隊の防護対象に「自己の管理下に入った者」も加わった。つまり、武器使用基準が緩和されたわけだが、それとて「自己保存型」の範疇に収まる。他方、「駆け付け警護」などは、その枠を超える「任務遂行型」の武器使用に属する。二〇年以上前にカンボジアPKOで警護任務を周到に避け、巡回で応じた過去を想起すれば、今次改正はPKO政策の歴史的転換を意味した。こうした新任務が南スーダンでの業務に適用されるのは、二〇一六年三月の施行から数カ月先のことであった。

†ジュバ・クライシス

最初の施設部隊が南スーダンに入国してから、すでに四年以上の月日が流れていた。彼らは半年交代を繰り返し、二〇一六年六月には、一〇番目の部隊がエチオピア航空チャーター便でジュバ空港に到着した。一〇次隊として業務に携わり、のちに手記を著した小山《こやまし》修一《ゆういち》によれば、UNMISS主催サッカー・ワールド杯に興じるなど、到着後の日々は平穏に過ぎていったという（小山修一『あの日、ジュバは戦場だった』）。だが、それも長くは続かなかった。

建国五周年記念日を翌日に控えた七月八日夕刻、一斉放送が宿営地の静寂を切り裂いた。「射撃音確認。各隊員は屋内退避せよ」。大統領府近傍では、キール派とマシャール派が口論の果てに発砲、銃撃戦に発展していた。七月一〇日一一時頃になると、日本隊宿営地付近でも同種の事態が看取されるようになる。およそ一〇〇メートル先のトルコビル高層階から、反政府勢力が政府軍に向けて射撃しはじめ、政府軍が戦車砲で応戦した（同右）。しかも、この銃撃戦は、日本隊宿営地を挟んで展開されたものだった。屋内避難したとはいえ、一〇次隊の頭上を銃弾と砲弾が飛び交い、監視塔、倉庫などが被弾した（NHKスペシャル『変貌するPKO 現場からの報告』）。

銃撃戦の間、他国の部隊はどう応じたのか。自衛隊が所在するUNトンピンには、ルワンダ、バングラデシュ、カンボジア、インドからの人員も居を構えていた。衝突が激しさを増すにつれ、自衛隊の間近でも射撃音が鳴り響くようになる。応射したのは、警備を担当するルワンダ歩兵大隊ではなく、バングラデシュ工兵隊であった。彼らの宿営地は、トルコビルからの武装勢力の射撃に晒されていた。そこでバングラデシュ側は、計四四発の小銃射撃で対応したのである（小山『あの日、ジュバは戦場だった』）。

「後からバングラデシュ軍が発砲したと知り「なんてことするんだ」と思った。相手に宿営地を攻撃する口実を与えてしまうところだった」とは、第一〇次隊を率いた中力修一《ちゅうりきおさむ》等陸佐の回想である（『東京新聞』二〇一七年一二月一八日）。巻き込まれの恐怖は、同じUNトンピン内で隣接する他国からももたらされていた。

銃撃戦が深夜にまで及ぶと、UNMISSセクターサウス司令部（UNトンピン内に設置）は、自衛隊に新たな任務を打診する。その内容は、宿営地共同防護予備隊としての運用だった。けれども、「宿営地の共同防護」は一〇次隊に認められていないし、事前の訓練すら実施されていない。それゆえ自衛隊は、日本の政治状況を説明し、やむなく打診を断っている（小山『あの日、ジュバは戦場だった』）。

詳しくは後段に譲るが、「宿営地の共同防護」の付与は、一一次隊からであった。ようやく法的基盤が整備されたばかりの日本、異国の地でその帰趨《きすう》を見守っていた一〇次隊にとって、この打診は幾分早過ぎるものだったのである。

†新任務付与——「駆け付け警護」と「宿営地の共同防護」

ジュバでの銃撃戦の間、自衛隊は一発も撃たず、誰一人死傷者も出さずに、難を切り抜けている（同右）。ところが、別の国連施設UNハウスでは、中国のPKO要員が予期せぬ襲撃に遭っていた。七月一〇日、難民キャンプの警戒に就いていた中国歩兵大隊の装甲車に、砲弾一発が命中し、死亡者一名、重傷者三名、軽傷者三名を出した。この情報は、七月一一日付で中国国防部ホームページに掲載され、翌日には横井裕《よこいゆたか》在中国大使が岸田文雄《きしだふみお》外相宛に打電している（横井裕大使発外務大臣宛電信第五六三〇号「中国軍事（南スーダンPKO派遣部隊への襲撃：中国国防部HP発表）（防衛情報）」）。

たしかに自衛隊と中国歩兵大隊は、宿営地のみならず、従事する任務内容も全く別物である。前者は主に施設業務、後者は警備を担当していた。それでも大使館にとって、中国隊が直面した事態は、至急本省に伝達するほど重大なものだったのである。

銃撃戦後もしばらくは政府軍の暴力が後を絶たず、南スーダンでの「文民の保護」がいかに困難かを物語っていた。しかし八月に入ると、ジュバの情勢は落ち着きを取り戻していく。先の銃撃戦以来、施設部隊はUNトンピン外の業務を休止していたが、八月一日には道路整備を再開する（『朝日新聞』二〇一六年八月三日）。問題は、流動的な情勢をいかに捉え、自衛隊の武器使用権限をどこまで認めるかにあった。

そこで注目を集めたのが、稲田朋美《いなだともみ》防衛相の南スーダン訪問である。「将来の首相候補」と目され、「自民党のジャンヌ・ダルク」とも呼ばれた稲田は、一〇月八日にジュバ入りした。UNMISSのSRSGエレン・マーガレット・ロイ（Ellen Margrethe Løj）らと会談したのち、稲田はジュバの自衛隊宿営地を視察し、激励した。訪問の主な目的は、「駆け付け警護」など新任務を、一一次隊に付与する否かの判断材料を得ることであった。それにもかかわらず、ジュバ滞在は七時間だったため、「ゼロ泊三日」という揶揄《やゆ》すら広まった（小山『あの日、ジュバは戦場だった』）。

ただ、自衛隊からすれば、機内泊視察には好都合な面もあった。そもそもジュバには、セキュリティ、グレードの双方で、大臣の宿泊に相応しいホテルが存在しないからである。対照的に、大臣の身辺警護では不都合に苛《さいな》まれた。警護任務を請け負ったのは、他でもなくSPLAである。暴力行為を重ね、信頼関係のない政府軍に要人警護を委ねる行為には、自衛隊も驚きを禁じ得ない。視察中には、事前通知なしで、工事が中断していた「フリーダム・ブリッジ」へと大臣車列が誘導される事態まで起こった。要人警護上、想定外は許されないが、自衛隊の前でそれが現実になったわけである（同右）。日程、服装などで稲田が批判の矢面に立たされる一方、現地で生起した問題への関心は希薄になっていた。

帰国後、稲田は、「〔ジュバ市内の情勢は〕比較的落ち着いている」と安倍に報告した。しかし安倍は、これで最終判断を下さなかった。続けて柴山昌彦《しばやままさひこ》内閣総理大臣補佐官（国家安全保障に関する重要政策及び選挙制度担当）をジュバに派遣し、一一月七日のNSCで柴山が「比較的落ち着いている」と伝えた数日後、安倍は決断する。一一月一五日、「駆け付け警護」を盛り込んだ実施計画が、ついに閣議決定へと至った（半田『検証 自衛隊・南スーダンPKO』）。それに併せて、決定の考え方を示した文書が内閣官房、内閣府、外務省、防衛省の連名で発表され、「駆け付け警護」の他、「宿営地の共同防護」が加わった（内閣官房他「新任務付与に関する基本的な考え方」）。PKO参加に限るなら、閣議決定とは別に、政府の考え方を公にする試みは稀である。安保法制成立後初の任務だっただけに、政府側は国内の理解をさらに促そうとしたのだろう。ところが、一一次隊出国後に安倍や稲田が辿るのは、茨の道であった。

†「戦闘行為」と「武力紛争」

閣議決定以前より、政府の解釈には野党からの反論が絶えなかった。とくに質問が殺到したのが、安倍政権の情勢認識である。一〇月一一日の国会審議で、稲田が「ジュバの中の状況は落ち着いている」と答弁すると、大野《おおの》元裕《もとひろ》参議院議員（民進党）は「衝突があったんですね。戦闘ではなかったという認識でよろしいんでしょうか」と問い質した。対して稲田は「法的な意味における戦闘行為ではない」とし、その後も「衝突」と繰り返した。そこで大野が「衝突」と「戦闘」の定義を求めると、二人の押し問答に安倍が割って入った。そして安倍は、国会などで今まで「戦闘」の「定義がない」と言及したうえで、長広舌を振るっている（「第百九十二回国会参議院予算委員会会議録第三号」二〇一六年一〇月一一日）。

稲田大臣のように、戦闘行為ではなかった、しかし〔中略〕武器を使って殺傷あるいは物を破壊する行為はあったと、このように申し上げているわけでありますから、大野さんの解釈としてそれが戦闘ということであればそれは戦闘というふうに〔中略〕捉えられるということだろうと思いますが、我々は、衝突、言わば勢力と勢力がぶつかったという表現を使っているところでございます。（同右）

安倍の答弁でポイントとなるのが、「戦闘行為」の定義である。過去の政府解釈を繙くなら、「戦闘行為」とは、「国際的な武力紛争の一環として行われる人を殺傷し又は物を破壊する行為」である（「衆議院議員金田誠一君提出「戦争」、「紛争」、「武力の行使」等の違いに関する質問に対する答弁書」内閣衆質一五三第二七号、二〇〇二年二月五日）。それでは、同定義に照らし、日本政府は南スーダン情勢をどう解したのか。

その鍵が「武力紛争」という言葉であり、憲法との関係でいえば、「国家または国家に準ずる組織の間で、武力を用いた争いが生じているか」となる。南スーダンでは極度の治安悪化がみられるものの、マシャール派には「系統だった組織性」も、「支配が確立されるに至った領域」も認められない。また、政府側、反政府側ともに、平和的解決の意志をもつ。以上に鑑み、政府は「国家に準ずる組織」（国準）は不在と断じ、国際平和協力法上の「武力紛争」には該当しないと考えたのである（内閣官房他「新任務付与に関する基本的な考え方」）。

「武力紛争」はなく、ジュバは安全と政府側がいくら繰り返しても、野党側の疑念を拭うのは容易くない。たとえば、福島は「南スーダンは内戦状態であり、PKO五原則は崩壊をしています。憲法違反です。撤退をすべきです」と強く抗議した（「第百九十二回国会参議院憲法審査会会議録第二号」二〇一六年一一月一六日）。鳩山政権期、五原則を逸脱した際の即時撤退を一つの条件に、彼女はハイチPKO参加を認めた。その福島からすれば、南スーダンは新任務付与以前の問題なのだろう。

その後も、政府と野党の攻防は平行線を辿る。けれども、衆参両院で過半数を獲得した安倍政権からすれば、この状態はさして致命傷になっていない。盤石な政治基盤を背景に、一一次隊派遣を進めたわけだが、やがて安倍政権は前代未聞の難題に襲われる。しかも稲田は、その奔流に呑み込まれていく。

†日報の所在

第一一次隊への指揮移転を控えた一二月九日、ジャーナリスト布施祐仁《ふせゆうじん》の手元に、防衛省から「行政文書不開示決定通知書」が届いた。九月末に布施は、情報公開法に基づき、「南スーダン派遣施設隊が現地時間で二〇一六年七月七日から一二日までに作成した日報」を防衛省に開示請求していた。これに先立つ七月にも布施は情報公開請求をかけ、入手した行政文書から日報の存在を認識した。ゆえに二度目は、ピンポイントで開示請求を出したわけである。だが、「廃棄」を理由に「不開示」とされてしまう。結果を訝《いぶか》った布施は、状況を直ちにツイートしたのち、行政不服審査法第二条による審査請求に踏み切ったのだった（布施祐仁他『日報隠蔽』）。

かくて、日報「廃棄」は、ソーシャル・ネットワーキング・サービス（SNS：Social Networking Service）を経由し、たちまち世に知られるところとなった。新聞社、通信社が挙《こぞ》って報じるなか、河野太郎《こうのたろう》自民党行政改革推進本部長が防衛省に聴取を実施し、概要書も含む日報電子データの復活だけではなく、その提出まで求めるようになる。さらに河野は、神奈川新聞社の取材に応じ、「日報は明らかに重要な「公文書」であって短期間に廃棄していいようなものではない。看過しがたい」と指摘した（『神奈川新聞』二〇一六年一二月二八日）。ＳＮＳへの投稿をきっかけにうねりが醸成され、政府に行動変容を迫ったのである。

当時、防衛次官を務めた黒江《くろえ》哲郎《てつろう》によれば、最初の日報関係の報告は、二〇一六年一二月に辰己《たつみ》昌良《まさよし》統合幕僚監部総括官から受けたという。その内容は、日報「不開示」に対し、自民党行革推進本部などから疑義が寄せられ、再探索するというものだった。当時の所感を、黒江は日記に綴っている。「「日報が用済み後破棄？」と軽い驚きは覚えたものの、ルール通り破棄されているか否かを確認するというだけの問題だと理解し、深刻な問題とは受け止めませんでした」（黒江哲郎『防衛事務次官 冷や汗日記』）。

年末年始にかけ、統幕に日報データが存在し、陸自でも個人データが確認されるに至った。辰己から海外出張中の黒江にその一報が入るのは、二〇一七年一月二七日のことである。黒江は「陸自に存在する日報は、公表に耐えられる代物《しろもの》であるか不明である」と判断を示し、それを踏まえ辰己は、（一）統幕における日報の存在、（二）自民党行革推進本部への日報などの提出を稲田に伝えた。なお、稲田への報告も同日だが、陸自の日報は発言に含まれていない（防衛監察本部「特別防衛監察の結果について」）。大臣が陸自の個人データを認識する最初の機会は、早々に失われてしまったのである。

なぜ、黒江は先の判断を下したのか。もともと彼は、講演などの参考として、ランダムに資料の断片を収集したファイルを作成していた。陸自の個人データを、自身のファイルと同じ類と思い込み、統幕に眠るデータで応じるよう指示したのだった（黒江『防衛事務次官 冷や汗日記』）。一つの綻《ほころ》びが、自身のキャリアを狂わす伏線となる。

撤退と辞職

二月七日に防衛省は、二〇一六年七月一一日、一二日分の日報を一部黒塗りで公表した（残りは一三日公表）（布施他『日報隠蔽』）。一二日分公開後、日報から「戦闘」という記載がみつかり、民進党がこれに食いつくが、稲田は「それは法的な意味の戦闘行為ではない」と従来通りの答弁を貫いた（「第百九十三回国会衆議院予算委員会議録第九号」二〇一七年二月八日）。議論を繰り返すうち、森友学園問題が燻《くすぶ》りはじめる。

三月一〇日夕刻、テレビには籠池泰典《かごいけやすのり》森友学園理事長の姿があった。会見が六時を回ったころ、NSCを終えた安倍は、施設部隊のUNMISSからの撤収を突然記者団に明かした。新聞に掲載された発言全文によれば、「南スーダンの国造りが新たな段階を迎える中、自衛隊が担当しているジュバにおける施設整備は一定の区切りをつけることができる

南スーダンPKO撤収について、記者団に説明する安倍晋三首相（©共同通信）

と判断した」のが、決定の主な理由である（『朝日新聞』二〇一七年三月一一日）。一〇日の発表で安倍は、野党側が崩壊と唱え続けた五原則に基づく評価について、一切触れていない。野党の攻勢を往《い》なすような撤収決定によって、日報問題は、もはや終息へ向かうかに思われた。

だが、三月一五日にＮＨＫが報じたスクープにより、日報問題は再燃する。同報道では、一貫して陸自が日報を有していたなどとされ、稲田は同日中にも特別防衛監察の実施を決断した（防衛監察本部「特別防衛監察の結果について」）。本来、監察対象に閣僚の稲田は含まれないが、七月二一日午前の閣議後会見では聴取に応じる意向を示した。そして、「報告を受けたこともなかったことは重ねて言いたい」、「私は一貫して事実解明に取り組んできた。非公表や隠蔽《いんぺい》を了承するといった行動はあり得ない」と言及した（『朝日新聞』二〇一七年七月二二日）。改めて、自らに向けられた疑念を拭おうとしたのである。

監察結果の公開は、それから数日後だった。監察開始後は、日報に比し、加計《かけ》学園問題に耳目が集まっていた。かかる状況下で、稲田の関与はどう綴られたのか。

二月一三日に、統幕総括官及び陸幕副長が、防衛大臣に対し、陸自における日報の取扱いについて説明したことがあったが、その際のやり取りの中で、陸自における日報データの存在について何らかの発言があった可能性は否定できないものの、陸自における日報データの存在を示す書面を用いた報告がなされた事実や、非公表の了承を求める報告がなされた事実はなかった。また、防衛大臣により公表の是非に関する何らかの方針の決定や了承がなされた事実もなかった。（防衛監察本部「特別防衛監察の結果について」）

監察結果は、一五日に開かれた次官室での打ち合わせ後の説明状況にも及んだ。ただ、一五日は顔触れこそ異なるが、一三日二行目の「陸自における」以後と文言が同一である（同右）。稲田の関与の部分は、玉虫色《たまむしいろ》の表現を含む解釈にとどまったのである。

もっとも、防衛監察本部は、大臣直轄の部署である。たしかに歴代の防衛監察官には元高等検察庁検事長が就任し、職員には現職検事も名を連ねる。しかし、同じ省内の組織による監察がどこまで客観的たりうるかは、当初から懐疑的な声が付き纏《まと》っていた（布施他

『日報隠蔽』、『朝日新聞』二〇一七年三月一八日）。皮肉にも、稲田の関与をめぐる分析は、そうした疑念を裏書きするものとなった。

　とはいえ、特別防衛監察が何も成し得なかったわけでもない。たとえば、黒江の行為は、自衛隊法第五六条違反（職務遂行の義務）に認定された。黒江には一月二七日に続き、二月一五日にも陸自における日報保有の報告が上がっていた。またしても個人データと捉えた黒江は、すでに防衛省として日報を公表しており、情報公開法上問題はないとの説明方針を岡部《おかべ》俊哉《としや》陸幕長らに示している。二月二一日、この応答ぶりは稲田に了承されたが、陸自における日報の保有は、ここでも黒江、辰己から伝えられてはいない。このような対外説明方針を変える機会が存在したにもかかわらず、従来の対応を継続したことが、違反認定の理由であった（防衛監察本部「特別防衛監察の結果について」）。

　この他、陸自での日報廃棄が明るみとなる。監察結果は、二〇一六年一二月、翌年二月に廃棄されたと記している。時系列に照らすなら、前者は「不開示決定」、続く自民行革推進本部からの資料要求後であり、情報公開法第五条違反（行政文書の開示義務）、自衛隊法第五六条違反（職務遂行の義務）に認定された。後者は、防衛省としてすでに統幕の日報を公表するとしていたから、違反認定を受けたわけではない（同右）。黒江が定めた説明方針そのものは、法的範囲を逸脱しないと監察本部は断じたのであった。

七月二七日に監察結果がまとまり、黒江、岡部が揃って辞意を固めた。一貫して辞任を拒んできた稲田も、翌日の会見で引責辞任を表明し、「報告を受けた認識は今でもないが、監察の結果は率直に受け入れる」と語った。結局、自身の関与について、彼女は去り際まで従来通りの主張に終始したのである（『朝日新聞』二〇一七年七月二八日、同夕刊）。

歴史を遡れば、国際平和協力法成立以来、内政では国内法との関係、安全対策などが入り乱れてきた。そこにしばしば現出したのが、現地情勢をめぐる対立である。それから四半世紀が経つと、今度は情報公開請求にSNSが掛け合わさり、公文書管理が政策過程に深く刻み込まれていった。なかでも日報が取り沙汰されて以来、史料をめぐる対立が内政を席巻《せっけん》した。いわば南スーダンPKO参加は、二つの対立の方式がせめぎ合い、やがて史料をめぐる対立が覆い被さる途にあったといえよう。

おわりに――戦後六〇年の遺産

†人材育成と参加方式

監察結果の公開が待たれていた二〇一七年五月三一日、防衛省では、施設部隊の隊旗返還式が開かれていた。第一一次隊（最後の施設部隊）約三五〇名の前で、安倍晋三首相は訓示を読み上げ、「駆け付け警護」など初の新任務付与に触れ、「歴史的な意義を持つものだ」と強調した（『朝日新聞』二〇一七年五月三一日）。施設部隊の派遣としては、過去最長の五年四カ月に及び、延べ約四〇〇〇名が携わったＵＮＭＩＳＳでの業務が、無事終局を迎えたわけである。施設部隊撤収後は、司令部要員が三、四名で交代を繰り返し、現在に至るまで南スーダンＰＫＯでの企画・調整業務などに携わっている（内閣府『平和への道』Cabinet Office, *Road to Peace*）。

この間、シナイ半島に駐留する多国籍部隊・監視団（ＭＦＯ：Multinational Force and

Observers）から派遣要請を受け、二〇一九年四月以降、司令部要員二名が連絡調整などに従事してきた。もっとも、ＭＦＯ参加は初の国際連携平和安全活動であり、厳密にはＰＫＯの枠外に位置づけられる（内閣府国際平和協力本部事務局『世界の平和と安定のために』）。それゆえ、ＰＫＯへの直接参加は、事実上、南スーダンを数えるのみである。

そもそも、六〇年余りに及ぶ足跡は、産みの苦しみの連続だった。ＰＫＯ参加実績が人数や派遣先の面で振るわないのは、今に限ったことではない。ＵＮＯＧＩＬ、ＵＮＴＳＯと立て続けに参加を拒み、外務省が重ねた検討作業の歴史を想い起こすなら、参加実績をめぐる苦闘は国連加盟以来のものである。このような戦後から現代までのＰＫＯ政策の来歴を考察するとき、われわれは普遍的な問いに辿り着く。果たして、日本は、世界の平和と安全の維持にどこまで寄与すべきなのか。続発する内戦を前に、戦後の国際社会が新たに導入した紛争解決へのアプローチは、それを日本に問い質すアリーナとなった。

ところが、八〇年代後半まで、日本はこの舞台で成果を出せずにいた。国連から派遣要請や打診を得ながらも、実を結ぶどころか、ときに現役国連大使更迭など人事への影響も計り知れないものがあった。戦後日本にとって、自衛隊のＰＫＯ参加は、幾分刺激が強過ぎたのである。

このような困難な時代にあって、法案や部隊構想を練り上げる一方、民間有識者も巻き込んで検討した点で、外務省のイニシアティブは他の追随を許さなかった。九〇年代以降のＰＫＯ政策で手腕を発揮する小和田、柳井らは、この冷戦時代に専門知識を蓄え、すでに頭角を現しつつあった。外務省にとって冷戦期とは、峻厳《しゅんげん》な試練であるばかりか、ポスト冷戦期を担う人材育成の時代でもあった。

傍ら外務省は、セクショナリズムや反対勢力の抑え込みを図りつつ、文民による「実績積上げ」に邁進した。従来までの自衛隊を直接的に扱うアプローチを脇に置き、文民派遣の先行を企図したアプローチに切り換えることで、地方自治体職員も巻き込んだＵＮＴＡＧ参加へと導いている。実際、ナミビアでの活動は、ＵＮＧＯＭＡＰ、ＵＮＩＩＭＯＧ参加時のように、外務省職員のみが単独派遣される方式とは明らかに相貌が異なるものであった。もとより、小規模の観は否めまい。けれども、冷戦終焉、湾岸危機よりも前に、今日に通ずる複数省庁参加型ＰＫＯ政策の輪郭が備わっていたのである。

†参加条件の成立と運用――停戦と武器使用

新たなＰＫＯ参加方式を形成した日本は、冷戦後に湾岸危機・戦争を目の当たりにする。そして、総額一三〇億ドルの拠出で応じたものの、アメリカの対日批判を皮切りに、トラウマを抱え込んでしまうことになる。この原体験に触発され、ＰＫＯ参加の積上げをめぐる営みが始動したように解されて久しい。だが、文民のＰＫＯ参加は八〇年代に重ねられていたし、自衛隊の参加を見据えた法案や構想は六〇年代以降、折に触れ用意されてきた。断続的な法案作成の系譜はやがて国際平和協力法へと辿り着き、外務省で描かれた役割の数々は冷戦後の不安定な世界で日の目をみた。たしかに、湾岸危機・戦争の影響は無視できないが、いわゆる「湾岸のトラウマ」一色でＰＫＯ参加の地平が急拡大したわけではない。冷戦期に育まれた人材はもちろん、過去の専門知も交錯した複合遺産として、ＰＫＯ参加実績はもたらされたのである。

そうした「実績積上げ」の基盤となったのが、国際平和協力法であった。歴史を振り返れば、同法は、憲法が掲げる精神に適《かな》い、国際的要請に応えるための羅針盤であり、内政と外政の結び目だったといえよう。ただ、全条項が等しく扱われたというよりも、二つの主旋律がＰＫＯ政策を特徴づけてきた。

一つは、停戦の状況である。歴代政権の政策担当者たちの眼差《まなざ》しは、敵対行為、武力衝突、それらに伴う死傷者数などに向けられた。これらの多くは、政府内で停戦合意の範囲内と解されたものの、比較的安全な宿営地や活動部門を確保することで、自衛隊を多様な脅威から巧みに遠ざけてきた。自衛隊への突発的な襲撃はもちろん、たとえ自己防衛でも武器使用を避けるという体裁をかろうじて整えたともいえよう。

あるいは、派遣後という観点から捉えれば、自衛隊を取り巻く現地の環境は実に幅広い。宿営地の外では、自衛隊の身近な活動地域での襲撃が少なくなかった。内にあっても、近傍での銃撃戦による被弾を免れなかった。戦闘に巻き込まれるリスクと隣り合わせのなか、自衛隊は紙一重で難を逃れている。しかし、停戦合意後も火種が絶えず、PKOが多国籍で構成される以上、この種の脅威はなくならない。他方、歴史が物語るように、政府の対応には限りがあった。そうした非対称な構図自体、日本を苛む不可避の政策課題に他ならない。

もう一つは、武器使用をめぐる問題である。PKOに伴う武器使用の是非はともかく、「自己保存型」から「任務遂行型」へと自衛隊の武器使用基準は緩和される一方だった。国際平和協力法成立以来、多少の停滞こそ看取《かんしゅ》されても、何一つとして逆行するアプローチはとられていない。一九九二年の法案成立間際、あれほど強硬に抗った社会党も、のちの社民党も、自民党の枠組みの継承者だったといえよう。たしかに、UNDOF参加では連立の中核としてPKF凍結解除に歯止めをかけ、MINUSTAH参加では一角として事前研修などを参加条件に盛り込んでいる。しかし、いずれも自民党政権期に創出された使用基準を覆したのではなく、むしろ消極的ながらその維持に貢献したのであった。

かくして、武器をめぐる政策選択の幅は狭まるどころか、着実に拡がりをみせてきた。

とはいえ、現在に至るまで、ＰＫＯで自衛隊が武器使用に踏み切ったことはない。世論を賑わせたＵＮＭＩＳＳ参加時でさえ、あくまで新任務の「付与」にとどまる。およそ二〇年間、一度も武器を使用せず、死傷者も出していない点に鑑みれば、現行指標に基づく自衛隊のＰＫＯ参加は一つの成功を示していよう。そこでの関心のありかは、国内法上、武器使用を伴う活動がどこまで許容されるかにあった。ただ、この点が強く前面に出るほど、自衛隊の緊急対応を公に深める機会が奪われてしまっただけでなく、ときとして対応は後手に回った。長期に及ぶ成功体験には、思わぬ綻びも潜在している。

このような課題を露見させつつも、国際平和協力法は、日本にとって親和的な活動状況を集団安全保障の文脈で見出すための方途であった。九二年以降、それは武器使用を伴う歩兵のような任務に隣接はするが、軍事から相対的に距離をとりやすい輸送、「国づくり」という解を導いた。けれども、これらの活動に自衛隊が携わったときでさえ、危険を伴う事態に度々襲われた。独自の条件に照らし、思考を繰り返す日本の姿は、薄氷を踏みながら軍事的な色彩を逓減する試みを意味したのである。

†ＰＫＯ政策の行方

南スーダンに派遣された施設部隊が撤収作業に入った二〇一七年四月、日本では次なる

ＰＫＯ派遣先が囁《ささや》かれていた。その候補に挙がったのが、地中海東部に浮かぶキプロスである。だが、和平合意の目途すら立たず、さらなる調査を要した（『朝日新聞』二〇一七年四月二〇日）。そもそも停戦合意がない以上、現行法に依る早期参加は見込めない。停戦が訪れ、非軍事領域の存在こそ、自衛隊が持てる力を発揮するための土壌である。ポスト南スーダンのＰＫＯ参加は、あたかも袋小路に陥ったかのようであった。

苦境に立たされた政府だったが、単に手を拱《こまぬ》いていたわけではない。ＵＮＭＩＳＳ参加と並行し、直接参加とは別のアプローチに活路を見出しつつあった。二〇一五年以来、国連、支援国、派遣国が連携を深め、ＰＫＯ要員の能力開発などを促す「国連三角パートナーシップ・プログラム（ＵＮＴＰＰ：United Nations Triangular Partnership Programme）」に日本も加わっている。ＵＮＴＰＰは、前年の国連ＰＫＯハイレベル会合にて、工兵隊装備品、要員に対する重機操作教育などの支援を掲げた安倍の言に端を発するものだった。二〇二一年一一月末までに、教官などの立場で同プログラムに派遣された自衛隊員は約二三〇名を数え、ケニア、ベトナム、ウガンダなどからの要員およそ三六〇名に教育・訓練を施してきた（内閣府『世界の平和と安定のために』）。それはつまり、東ティモールでの能力構築支援のような展開中のＰＫＯに参加する形ではなく、展開前から他国要員のスキルを底上げする営みなのである。

国内法と現場の狭間でしばしば懊悩《おうのう》を抱え込んだ日本にとって、新たな連携は摩擦の少ない枠組みでもあった。過去の経験で自衛隊が培ってきたスキルを、内では国際平和協力法への抵触を、外では襲撃のリスクを免《まぬか》れながら途上国に伝播できるからである。かつての日本を想い起こすなら、ＰＫＯでの自画像を「若葉マーク」と定め、他国部隊から支援を受ける場面も少なくなかった。しかし、今や「国づくり」はもとより、そこに「人づくり」を埋め込み、ＰＫＯという枠組み自体を支える側に廻りつつある。日本が初めてＰＫＯに出会った六〇年以上前、自衛隊が他国の部隊を励まし、紛争解決の具体像に影響を及ぼすまでになるとは、どれほどの人が想像し得たであろうか。

ただ、ＵＮＴＰＰで日本がいかに成果を収めたとしても、ＰＫＯへの直接参加を拒む理由にはならない。そもそも、日本人要員が安全にＰＫＯに携わり、何らかの創造性を発揮できるのも参加実績の蓄積があればこそである。ましてや、日本の国民はもちろん、国連や加盟国にも普遍的に受容される取り組みを模索するのであれば、そうした経験の積み上げは今後も求められよう。

もっとも、ＰＫＯ参加をめぐって、日本がどのような進路を描き出すのかは、今なお議論の余地が残されている。これこそ、昭和、平成と時代を跨いで日本が向き合い、令和の世に持ち越された宿題ともいえよう。程度の差こそあるが、昭和、平成におけるＰＫＯ参加問題は、ある種の緊急性に触発され、根拠法の整備や参加実績が象られてきた。一方、落ち着きを取り戻した令和の時代は、すでに築き上げた骨格の延長線上で歩を進めている。その意味で、六〇年以上にわたって刻まれた試行錯誤の軌跡は、次代のＰＫＯ政策を紡ぎ出す叡智の源泉として、その価値はいまだ失われていないのである。

あとがき

本書誕生の契機は、ＪＲ中央線ホームでの何気ない会話だった。電車を若月秀和先生（北海学園大学）と待っていたとき、今回の案が出てきた。それから数日後、先生は、筑摩書房の松田健氏に私をご紹介くださり、本書の企画につながった。いつかはＰＫＯ参加問題で通史をと胸に抱いてきた自身にとって、僥倖《ぎょうこう》だった。

好機を活かすのは、容易くない。執筆は滞った。かつて筆者が研究しきれなかった時代や、ゴラン高原以降のＰＫＯ参加実績など新たに着手すべき課題は山積していた。一つずつ向き合いながら不器用に書き連ね、ようやく脱稿に至った。今はただ、喜び以上に胸が痛む。遅筆を関係各位に深くお詫びしたい。

時間と手間を要した分、実に多くの方々にお力添えいただいた。なかでも、若月先生、村上友章先生（現・流通科学大学）に深謝の意を表したい。執筆に行き詰まったとき、若月先生は丁寧なご助言をくださり、背中を押してくださった。先生と言葉を交わすなかで得られた気づきも、本書には盛り込まれている。村上先生は、惜しげもなく貴重な私文書を提供してくださった。畠山文書は、先生から譲り受けたものである。とりわけ、冷戦期のPKO参加問題をめぐっては、度々相談に乗っていただき、的確なご助言を賜った。先生のさりげないお気遣いに、何度も救われた。

津に移ってからは、中谷直司先生（帝京大学）に一方ならぬお世話になっている。明るく、面倒見の良い中谷先生は、三重大学での教育・研究を絶えず気にかけ、関西外交史・国際関係史研究会に加えてくださった。掃海艇派遣、総合安全保障に造詣が深い山口航先生（同）の示唆に富む議論からも、多くを学ばせていただいた。不慣れな地にあって、曲がりなりにも研究を続けられているのは、お二人からご厚情を賜ったからである。記して謝したい。近い日にお二人のユーモアと知性溢れるやりとりを、研究会で目の当たりにするのを密かに心待ちにしている。

そして、編集の労をお取りいただいた筑摩書房の松田氏に、衷心より感謝申し上げたい。松田氏に初めてお会いしたのは、二〇一九年の大型連休直前だった。以来、東京と三重で打ち合わせを重ねるなか、豊富な編集経験に裏打ちされた氏からの助言は、どれも目から鱗だった。同じく、山本拓氏にも、深く御礼を申し上げたい。筆者の意を的確に汲み取り、様々なアイディアで刊行へと導いてくださった。内容面はもちろん、形式も含め、山本氏の指摘で磨かれた部分も数多い。お二人の手腕と献身なくして、本書は世に生まれなかったであろう。

なお本書は、前著『自衛隊海外派遣と日本外交』（日本経済評論社、二〇一五年）の他、前後に刊行した「小渕政権期の文民警察官派遣政策」『東アジア学術総合研究所集刊』（第四四集、二〇一四年三月）、「ソマリアPKO派遣構想の挫折」『年報政治学』（二〇一九－Ⅱ号、二〇一九年一二月）、「国連保護軍（UNPROFOR）と日本」『三重大学全学共通教育センター研究紀要』（第八号、二〇二三年三月）を部分的に基礎としながらも、執筆後新たに入手した史資料を踏まえ、大幅に書き改めたものである。

最後に、私事にわたるが、いつもながら家族の支えも不可欠だった。見守り続けてくれた家族にも、変わらぬ謝意を表したい。

二〇二四年四月三〇日

庄司貴由

本書は、JSPS科研費研究活動スタート支援（19K23171）、基盤研究C（24K04690）による研究成果の一部である。

主要参考文献

日本語文献

外務省外交史料館蔵

「UNPROFOR（クロアチア）への派遣要請に対する当省の対処方針について」一九九三年一一月二六日（〇四―九一七―一二）。

「インドネシア・豪の撤収に関する発言」日付不明（〇四―九一八―一）。

小木曽参事官「国連協力法に関する問題点」一九六九年二月一二日（〇一―九一四―四）。

外務大臣官房報道課「東チモールに展開する多国籍軍のための資金拠出について」一九九九年一〇月四日（〇四―四六九―一）。

外務大臣発在オーストリア、イスラエル大使、総領事宛FAX信「公明党議員団の旧ユーゴー、イスラエル等視察」一九九四年八月二二日（〇四―九一七―二九）。

外務大臣発在加、スウェーデン、ノルウェー、フィンランド、デンマーク大使、総領事宛第二四七八八号「我が国のPKO政策（調査訓令）」一九九三年一二月八日（〇四―九一七―二）。

外務大臣発在国連代大使宛第四一一一号「UNPROFOR（クロアチア）への派遣要請」一九九三年一一月二二日（〇四―九一七―一七）。

外務大臣発西独、米、英、フィンランド、墺、デンマーク、ノルウェー、スウェーデン、仏、加大使あて電信合第一〇〇四八号「国際的平和維持活動への要員協力（調査訓令）」一九八八年五月二七日（〇一―九〇四―二）。

外務省「国連平和協力隊の主要協力分野」一九九〇年九月一七日（〇三―五五八―二九）。

北村大使発外務大臣宛電信第一六五九号「イラク軍のクウエイト侵攻（国連協力法／回訓）」一九九〇年八月二五日（〇一―九〇八―八）。

「高村外務大臣談話 東チモールに関する安保理決議の採択」一九九九年九月（〇四―四六九―二）。

「公明党の「国連平和協力についての見解」の問題点」一九九〇年一〇月一七日（〇三―一五九―二）。

国際平和協力本部事務局「UNPROFORへの派遣要請に対する対応について」一九九三年一一月二二日（〇四―九一七―一六）。

国際連合局「「平和のための協力」に関する担当官会議資料」一九九〇年三月（〇一―九〇六―三）。

「国際連合平和協力法（案）（骨子）」一九九〇年九月二三日（〇三―五五八―二六）。

「国際連合平和協力法案に関する総理答弁案」日付不明

（二〇一一―〇〇一四二）。

国政「国連協力特例法（仮称）第一次案」一九六五年一月五日、国連局政治課「国連協力法案関係文書」一九六八年九月二〇日（〇一―九一四―三）。

国政「国際協力法案骨子」一九六六年一月二九日、同右。

国政「国連協力法案について」一九六六年二月一日、同右。

国政「自衛隊士官のUNTSO派遣問題」一九七二年一〇月一九日（〇一―九一四―六）。

国政「自衛隊UNTSO派遣問題」一九七二年一〇月二六日（〇一―九一四―七）。

国政「国際的平和維持活動・人的協力作業グループ（第一回会合配布用）」一九八八年六月一五日（〇一―九〇四―一九）。

国政「『国際的平和維持活動・人的協力作業グループ』第三回会合用資料」一九八八年六月三〇日（〇一―九〇四―二三）

国政長「国連の平和維持機能強化に関する研究会の提言」一九八三年九月一六日（〇二一―一三六七―四）。

「国連協力隊の構想（私案）」一九七四年（〇一―九一四―一）。

国連政策課「現在展開中のPKOの現状と我が国よりの参加の可能性（部内検討用試論ぺーパー）」一九九四年一月一二日（〇四―九一七―四）。

国連政策課「国際平和維持活動への人的協力のための作業グループの設置について」一九八八年五月三〇日（〇四―九二三―一）。

国連政策課「全国知事会会長（都知事）に対する協力要請（ナミビアに対する我が国の要員派遣）」一九八九年一月二四日（〇一―九〇八―三）。

国連政策課「ナミビアへの要員派遣問題（宇野大臣の鈴木都知事への要請）」一九八九年一月二六日（〇一―九〇八―三）。

国連政策課「UNPROFOR（クロアチア）への派遣要請（予定稿）」一九九三年一〇月二九日（〇四―九一七―一一）。

国連の平和維持機能強化に関する研究会「国連の平和維持機能強化に関する研究会の提言――国連の平和維持機能強化に関する研究会の結論」一九八三年九月八日（〇一―九一四―一三）。

「国連平和協力隊に参加する自衛官の兼職についての外務省の考え方」一九九〇年九月二四日（〇三―五五八―二五）。

「国連平和協力法（仮称）の考え方」一九九〇年九月二七日（〇三―五五八―三〇）。

「最近の主要な停戦違反事件等（平成五年）」日付不明（〇四―九一八―六）。

在ニューヨーク国際連合日本政府代表部特命全権大使松

平康東発外務大臣藤山愛一郎宛電信第一〇一六号、一九五八年七月二九日（〇一―一三一四―二）。

佐藤行雄大使発外務大臣宛第五七四四号別ＦＡＸ公信「東チモール情勢（本使とアラタス外相との会談：貼り出し）」一九九九年九月一五日（〇四―四六九―四）。

佐藤行雄大使発外務大臣宛第五七七九号別ＦＡＸ公信「東チモール問題（本使とダウナー豪外相の会談：貼り出し）」一九九九年九月一五日（〇四―四六九―四）。

「自衛官と平和協力隊との「併任」について」一九九〇年九月（〇三―五五八―一九）。

支援チーム団長大使青木盛久「ナミビア選挙監視団支援チーム報告」一九八九年一一月（〇四―一一一八―一五）。

新法タスク・フォース「国連平和協力法（仮称）――国会提出までのスケジュール（案）」一九九〇年九月二〇日（〇三―五五八―一五）。

新法タスクフォース「国連平和協力法（仮称）――閣議決定までのスケジュール（案）」一九九〇年九月二〇日（〇三―五五八―一三）。

新法タスクフォース「各省コメントで局長まで上げて御検討いただく可能性のある事項」一九九〇年一〇月五日二一時（〇三―五五八―二一）。

神余隆博「（参考）」日付不明（〇四―九一八―二）。

事務局（国連政策課）「国際的平和維持活動に対する要員派遣――省内作業グループの中間報告」一九八八年七月二七日（〇一―九〇四―二四）。

中東貢献策タスク・フォース「中東貢献策疑問疑答（対政府委員用）」一九九〇年九月三日（〇三―五五八―六）。

「当省として取るべき立場」日付不明（〇四―九一八―八）。

中川大使発外務大臣宛電信第二七三六号「わが方自衛隊士官のＵＮＴＳＯ派遣」一九七二年一〇月一八日（〇一―九一四―六）。

「ナミビアにおける平和協力のための要員派遣のための体制整備について」一九八九年一月六日（〇一―九一一―七）。

南東アジア第二課「東チモールの治安回復のための多国籍軍に対する支援の必要性」一九九九年九月一九日（〇四―四六九―三）。

波多野大使発外務大臣宛第六一八九号「ＵＮＰＲＯＦＯＲ（クロアチア）への派遣要請」一九九三年一〇月二二日（〇四―九一七―一〇）。

波多野大使発外務大臣宛第七五四六号「ＵＮＰＲＯＦＯＲ（クロアチア）への派遣要請」一九九三年一一月二七日（〇四―九一七―一四）。

「ＰＫＯ協力に係る国連からの要請」一九八九年一月六日（〇一―九一一―七）。

藤田大使発外務大臣宛第八八一号別ＦＡＸ信「インドネシア部隊の撤退に関する報道（防衛情報）」一九九三年四月一六日（〇四―九一八―四）。

藤山大臣発国連松平大使宛電信第一一三〇三号「国連監視団増強の件」一九五八年七月三〇日（〇一―一三一四―三）。

「平和協力隊への自衛隊の関与について（基本的考え方のポイント）（案）」一九九〇年九月二八日（〇三―五五八―二二）。

「平和協力法骨子」一九八八年六月二三日（〇一―九〇四―二一）。

「「平和のための協力」に関する担当官会議／提言ペーパー」一九九〇年三月一三日（〇一―九〇六―二五）。

「民間人の派遣（一般的なモデル）」一九八八年六月二三日（〇一―九〇四―二〇）。

「モザンビーク調査団報告書」一九九三年三月（〇一―九〇二―五）。

若松謙維、赤羽一嘉、富田茂之、谷口隆義発村山富市宛「旧ユーゴ問題及び中東和平交渉に関する日本政府の国際協力の申し入れ」一九九四年八月二二日（〇四―九一七―二九）。

情報公開請求開示文書

総理府（内閣府）国際平和協力本部事務局

「国際平和協力法の施行及び国際平和協力業務の実施準備について（平成四年八月一一日閣議内閣官房長官発言要旨）」府平第一四二号、一九九二年八月一一日。

国際平和協力本部事務局「東チモール政府・専門調査団調査結果概要」二〇〇一年一二月、防官文第二二七一号。

国際平和協力本部事務局「東チモール国際平和協力業務に関する応答要領」二〇〇二年二月一五日、防官文第二二七一号。

国際平和協力本部事務局、外務省「我が国の中東和平支援とＵＮＤＯＦへの参加」一九九五年四月（二〇一七―〇〇二九七）。

国際平和協力本部長発防衛庁長官宛第三〇七号「モザンビーク国際平和協力業務の実施について」府平第八三五号、一九九三年四月二七日。

総理府国際平和協力本部事務局鈴木発外務省広瀬、高瀬、防衛庁河村、川又宛ＦＡＸ送信状「「ＵＮＤＯＦ」」一九九四年五月二四日（二〇一七―〇〇二九六）。

外務省

アフリカ第二課、国連政策課「モザンビーク調査団（河野官房長官への説明）」一九九二年三月二二日（二〇一三―〇〇八二〇）。

アフリカ第二課、国連政策課「モザンビーク和平（国連安保理決議七九七の採択）」一九九二年一二月一七日（二〇一一―〇〇七三五）。

アフリカ第二課、国連政策課「ソマリアにおける人的貢献の基本的考え方（案）」一九九三年一月一一日（二〇一三―〇〇八二二）。

「ＵＮＤＯＦクロノロジー」日付不明（二〇一七―〇〇二九七）。

「ＵＮＤＯＦ後方支援部隊への我が国の参加（羽田総理及び熊谷官房長官への説明）」一九九四年五月三一日（二〇一七―〇〇二九六）。

「ＵＮＤＯＦ要員派遣（在京加大使より総理に対する書簡）」一九九五年五月八日（二〇一七―〇〇二九七）。

「ＵＮＤＯＦ要員派遣（在京加大使よりの河野大臣宛書簡）」一九九五年五月一〇日（二〇一七―〇〇二九七）。

伊藤「ＵＮＤＯＦ調査団の派遣（官房長官秘書官よりの連絡）」一九九四年一二月六日（二〇一七―〇〇二九六）。

「イラクによる機雷の敷設状況及び多国籍軍の掃海活動」一九九一年三月一三日（二〇〇八―〇〇六八二）。

「小和田次官の対官房長官ブリーフ（第四回）（平成五年二月二日）」一九九三年三月九日（二〇一三―〇〇八二二）。

「小和田次官の対総理ブリーフ（第四〇回）（平成五年二月一日）」一九九三年二月四日（二〇一三―〇〇八二二）。

小和田大使発外務大臣宛電信第三〇五七号、ＦＡＸ送信「ＵＮＤＯＦ（要員の死しょう者数）」一九九四年六月三日（二〇一七―〇〇二九六）。

外務省「ペルシャ湾内における日本関係船舶の航行状況」一九九一年四月一一日（二〇〇八―〇〇六八二）。

外務省「国連南スーダン共和国ミッション（ＵＮＭＩＳＳ）に係る物資協力について」二〇一四年一月（Ministry of Foreign Affairs of Japan, Contribution in Kind to the United Nations Mission in the Republic of South Sudan (UNMISS), February, 2014）（二〇二一―〇〇四〇二）。

外務省総平大河内発内閣府殿岡／三満、防衛庁竹丸／伊崎宛「国連正式要請」二〇〇二年二月五日（二〇〇八―〇〇六八七）。

外務省中近東アフリカ局「イラクがクウェイト侵攻に至る経緯」一九九〇年八月（二〇一一―〇〇七三七）。

外務省中近東アフリカ局「ソマリア人道支援調査団（とりあえずの所見）」一九九二年一月五日（二〇一三―〇〇八二二）。

外務省中近東アフリカ局「在モザンビーク大使館の設置について」一九九三年四月二〇日（二〇〇八―〇〇一

五六）。

外務省報道発表「国連南スーダン共和国ミッション（UNMISS）への国際平和協力隊（施設部隊等）の派遣について」二〇一一年一二月二〇日、G―一五〇六号（二〇二一―〇〇四〇五）。

外務大臣宇野宗佑発全国知事会会長鈴木俊一宛第六五五五号「ナミビアへの選挙監視要員の派遣について」一九八九年六月一日（二〇一一―〇〇一四六）。

外務大臣発国連代大使宛電信第九四八〇八号「野田総理と潘基文国連事務総長の電話会談（記録）」二〇一一年九月六日（二〇二一―〇〇四〇五）。

外務大臣発在国連大使宛第五五五五号「ブトロス＝ガーリ事務総長の訪日（宮沢総理との会談）（一―二）」一九九三年二月一六日（二〇一三―〇〇八二三）。

外務大臣発在国連大使、総領事宛電信第一五一〇号「PKO（わが国の協力の可能性）」一九九四年五月一六日（二〇一七―〇〇二九六）。

外務大臣発在国連代、米国、英国、フランス、豪州、韓国、スーダン大使宛電信第一一六八七三号「南スーダンPKO（施設部隊派遣の準備発言：官房長官による対外発表）」二〇一一年一一月一日（二〇二一―〇〇四〇五）。

カリブ室、国別開発協力第二課、国際平和協力室「我が国の対ハイチ緊急・復興支援（大地震発生以降）」二〇一三年五月（二〇二一―〇〇四〇六）。

「カンボディア情勢（UNTACの活動状況）」一九九二年八月七日（二〇一一―〇〇七三六）。

近ア二「未決裁　野上近ア局審議官の記者ブリーフ概要」日付不明（二〇一五―〇〇二七七）。

近ア二「ソマリア問題（人的貢献）」一九九三年一月六日（二〇一三―〇〇八二二）。

ケニア発本省宛電信第一四二二号「ソマリア情勢（人道支援に関する調査団の派遣）」一九九二年一二月二一日（二〇一三―〇〇八二二）。

ケニア発本省宛電信第一四二三号「ソマリア情勢（人道支援に関する調査団の派遣）」一九九二年一二月二一日（二〇一三―〇〇八二二）。

国際平和協力室「UNDOF・PKO派遣に関する今後の取り進め方」一九九五年五月二六日（二〇一七―〇〇二九七）。

国際平和協力室「UNDOF派遣問題（メモ）」一九九五年五月二九日（二〇一七―〇〇二九七）。

国際平和協力室「UNDOF参加に関する日加協議」一九九四年六月七日（二〇一七―〇〇二九六）。

国際平和協力室「外務大臣記者会見　発言要領　案【定例記者会見：二九日一七：三〇～】」二〇一〇年一月二九日（二〇二一―〇〇四〇七）。

国連局政治課「国連の平和維持機能強化に関する研究会

（経緯及び日程）」一九八三年八月二六日（二〇一七―〇〇〇六八）。

国連政策課「最近のナミビア情勢――国連ナミビア独立支援グループ（UNTAG）の活動を中心として」一九八九年五月三一日（二〇一一―〇〇一四六）。

国連政策課「ソマリア、モザンビークに対する我が国の人的貢献に関する三省庁会議メモ」一九九二年一月一二日（二〇一一―〇〇一四五）。

国連政策課「国連カンボディア暫定機構（UNTAC）に対する我が国要員の派遣について」一九九二年九月三日（二〇〇八―〇〇六八一）。

国連政策課「総理・ブトロス＝ガーリ事務総長会談（国政長ブリーフ概要）」一九九三年二月一六日（二〇一三―〇〇八二三）。

国連政策課「ONUMOZへの我が国の協力（調査団帰国後の対応戦略）」一九九三年三月一五日（二〇一三―〇〇八二〇）。

国連政策課「国連モザンビーク活動に対する今後の対応（部隊参加問題）」一九九三年三月一七日（二〇一三―〇〇八二〇）。

国連政策課「モザンビーク調査団の河野官房長官に対する報告（メモ）」一九九三年三月一七日（二〇一三―〇〇八二〇）。

国連政策課「国連モザンビーク活動への要員派遣に関する経緯」一九九三年六月二一日（二〇〇八―〇〇六八四）。

国連代表部丸山大使発外務大臣宛第二三〇二号「ONUMOZへの要員派遣（正式要請書）」一九九三年四月二七日（二〇〇八―〇〇六八四）。

「国連の平和維持機能強化研究会の結論たる提言の安倍外務大臣に対する提出」一九八三年九月八日（二〇一七―〇〇〇六八）。

「『国連兵力引離し監視隊（UNDOF）』に対する自衛隊部隊等の派遣に関する検討について」一九九四年五月二四日（二〇一七―〇〇二九六）。

在ジンバブエ飯島大使発外務大臣宛第五三四号「最近におけるモザンビークの治安状況」一九九二年一二月二三日（二〇一一―〇〇七三五）。

佐藤大使発外務大臣宛電信第一四一四号「ソマリア人道支援調査団（キタニ特別代表との意見交換――ぶら下がり会見）」一九九二年一二月二〇日（二〇一三―〇〇八二二）。

佐藤大使発外務大臣宛電信第一四三五号「ソマリア情勢（人道支援に関する調査団の派遣）」一九九二年一二月二二日（二〇一五―〇〇二七七）。

「政府UNDOF調査団報告書」一九九五年四月二〇日（二〇一七―〇〇二九七）。

「政府UNDOF調査団報告書概要」一九九五年四月二

〇日（二〇一七―〇〇二九七）。

「掃海艇の派遣」一九九一年四月二二日（二〇〇八―〇〇六八二）。

中近東第一課「我が国掃海艇のペルシャ湾派遣（国会答弁用の平資料）」一九九一年四月二四日（二〇〇八―〇〇六八二）。

東欧課「最近の旧ユーゴー情勢」一九九三年一〇月二六日（二〇一一―〇〇二九六）。

中平大使発外務大臣宛電信第七六五号「日加PKO協力（UNDOF／加との協議）（二の一）」一九九四年六月八日（二〇一七―〇〇二九六）。

「ハイチ国際平和協力業務の実施の状況」二〇一二年一月（二〇二二―〇〇四〇六）。

「東チモール調査ミッション報告」一九九九年五月二五日（二〇一一―〇〇三〇〇）。

「東チモールへの自衛隊部隊等の派遣（東チモール国際平和協力業務に係る国際平和協力法上の「実施計画」及び政令に関する閣議決定（二／一五）への共同請議及び外務大臣〔閣議〕及び次官〔次官会議〕発言要旨〔案〕）」二〇〇二年二月一二日（二〇〇八―〇〇六八七）。

報道室「海部総理大臣（中東貢献策について）――記者会見記録」一九九〇年八月二九日（二〇一一―〇〇一四二）。

防衛庁「カナダ派遣調査団メンバーについて」一九九四年五月二三日（二〇一七―〇〇二九六）。

北米局「ペルシャ湾への掃海艇の派遣（安全保障会議、臨時閣議）」一九九一年四月二四日（二〇〇八―〇〇六八二）。

「（メモ）」日付不明（二〇〇八―〇〇一五六）。

「モザンビーク調査団（後藤田法務大臣への説明）」日付不明（二〇一三―〇〇八二〇）。

横井裕大使発外務大臣宛電信第五六三〇号「中国軍事（南スーダンPKO派遣部隊への襲撃：中国国防部HP発表）（防衛情報）」二〇一六年七月一二日（二〇二一―〇〇四〇三）。

「与党UNDOF調査団報告」一九九五年四月一九日（二〇一七―〇〇二九七）。

「我が国掃海艇のペルシャ湾への派遣」一九九一年四月一九日（二〇〇八―〇〇六八二）。

防衛庁（省）・自衛隊

運用局運用課「東チモール政府調査団・専門調査団の派遣について」二〇〇一年一一月、防官文第二二七一号。

「カンボディア国際平和協力調査団報告書」一九九二年七月一五日、防官文第二二六七号。

国際協力室「東チモール第二次専門調査団調査結果（陸幕防衛部参加部分：二三日～二五日）」二〇〇二年一

月二八日、防官文第二二七一号。

第一次ゴラン高原派遣輸送隊『帰国報告』日付不明、防官文第三三六四号、第一〇七五五号。

「東チモール自衛隊派遣に関する調査結果について（ディリ等）」日付不明、防官文第二二七一号。

『東ティモールPKO行動史』日付不明、防官文第一三八九六号、第四〇八五号。

防衛庁「国連モザンビーク活動にかかる防衛庁の準備状況について」一九九三年四月六日（二〇一三―〇〇八二二）。

防衛庁「施設部隊の安全対策について」一九九三年五月一九日（二〇〇八―〇〇一五五）。

防衛庁長官発陸上幕僚長、海上幕僚長、航空幕僚長宛長官指示第三号「国際連合兵力引き離し監視隊（UNDOF）に関する国際平和協力業務の実施に係る準備に関する長官指示」一九九五年八月二九日、防官文第一三八八五号。

防衛庁長官発陸上幕僚長、海上幕僚長、航空幕僚長、統合幕僚会議宛長官指示第一一号「東チモールにおける国際連合平和維持活動のための国際平和協力業務の実施に係る準備に関する長官指示」二〇〇一年一一月六日、防官文第一三八八六号。

陸上幕僚監部編『カンボディアPKO派遣史』陸上幕僚監部、一九九五年、防官文第二六八八六号。

陸上幕僚監部編『カンボディアPKO派遣史（資料集その一の一）』陸上幕僚監部、一九九五年、防官文第二六八八六号。

私文書

畠山襄編『畠山蕃の生涯――やんちゃに筋を通した優等生』二〇〇五年。

公刊史料

安全保障の法的基盤の再構築に関する懇談会「「安全保障の法的基盤の再構築に関する懇談会」報告書」二〇一四年五月一五日。

大蔵省印刷局編『職員録』大蔵省印刷局、各年版。

外交強化懇談会「外交強化懇談会報告」外務省、一九九一年一二月。

外務省編『わが外交の近況』各年版。

外務省編『外交青書――わが外交の近況』各年版。

海上自衛隊五十年史編さん委員会編『海上自衛隊五十年史 本編』防衛庁海上幕僚監部、二〇〇三年。

海上自衛隊五十年史編さん委員会編『海上自衛隊五十年史 資料編』防衛庁海上幕僚監部、二〇〇三年。

『小泉内閣総理大臣演説集』内閣官房、二〇〇九年。

国際協力事業団アジア第一部「JICAの対東ティモール復興・開発支援総括報告書」二〇〇二年六月。

国際平和協力本部事務局『国際平和協力二五年のあゆみ』二〇一九年。

総理府国際平和協力本部事務局『モザンビーク国際平和協力業務記録写真集』総理府国際平和協力本部事務局、一九九五年。

総理府国際平和協力本部事務局『ゴラン高原国際平和協力業務記録集』総理府国際平和協力本部事務局、二〇〇〇年。

総理府国際平和協力本部事務局『東チモール国際平和協力業務／東チモール避難民救援国際平和協力業務、業務記録集』二〇〇〇年。

「テロ対策海上阻止活動に対する補給支援活動の実施に関する特別措置法に基づく補給支援活動の結果」二〇一〇年四月。

独立行政法人国際協力機構国際緊急援助隊事務局「ハイチ共和国における地震に対する国際緊急援助隊医療チーム活動報告書」二〇一一年五月。

内閣官房、内閣府、外務省、防衛省「新任務付与に関する基本的な考え方」二〇一六年一一月一五日。

内閣制度百十周年記念史編集委員会編『内閣制度百年史 下巻 追録』大蔵省印刷局、一九九五年。

内閣総理大臣官房監修『竹下内閣総理大臣演説集』日本広報協会、一九九〇年。

内閣総理大臣官房監修『海部内閣総理大臣演説集』日本広報協会、一九九二年。

内閣総理大臣官房監修『宮沢内閣総理大臣演説集』日本広報協会、一九九四年。

内閣総理大臣官房監修『村山内閣総理大臣演説集』日本広報協会、一九九八年。

内閣府大臣官房監修『橋本内閣総理大臣演説集』日本広報協会、二〇〇一年。

内閣府国際平和協力本部事務局『平和への道——我が国の国際平和協力のあゆみ』各年版（Secretariat of the International Peace Cooperation Headquarters, Cabinet Office, *Road to Peace: History of Japan's International Peace Cooperation*）。

内閣府国際平和協力本部事務局『世界の平和と安定のために——我が国の国際平和協力三〇年のあゆみ』二〇二二年二月。

日本社会党安保・自衛隊等対策特別委員会編『政策資料』第三四九号、一九九五年一〇月。

日本社会党五〇年史編纂委員会編『日本社会党史』社会民主党全国連合、一九九六年。

防衛監察本部「特別防衛監察の結果について」二〇一七年七月二七日。

防衛庁編『防衛白書』各年版。

防衛庁編『防衛庁五十年史』二〇〇五年。

総理府（内閣府）国際平和協力本部事務局

「カンボディア国際平和協力業務実施計画」一九九二年九月八日。

「カンボディア国際平和協力業務の実施の結果」一九九三年一一月。

「カンボディア国際平和協力業務実施要領の概要」日付不明。

「ゴラン高原国際平和協力業務実施計画」一九九五年一二月。

「ゴラン高原国際平和協力業務の実施の結果」二〇一三年五月。

「ハイチ国際平和協力業務実施計画」二〇一〇年二月。

「東チモール国際平和協力業務実施計画」一九九九年六月。

「東チモール国際平和協力業務の実施の結果」一九九九年一一月。

「東チモール避難民救援国際平和協力業務の実施の結果」二〇〇〇年三月。

「東ティモール国際平和協力業務実施計画」二〇〇二年二月一五日。

「東ティモール国際平和協力業務の実施の結果」二〇〇四年七月。

「東ティモール国際平和協力業務の実施の結果」二〇〇三年一月（右と別文書）。

「南スーダン国際平和協力業務実施計画」二〇一一年一一月一五日。

「南スーダン国際平和協力業務の実施の状況」日付不明。

「モザンビーク国際平和協力業務実施計画」一九九三年四月二七日。

「モザンビーク国際平和協力業務の実施の結果」一九九五年三月七日。

新聞

『朝日新聞』。

『神奈川新聞』。

『産経新聞』。

『東京新聞』。

『日本経済新聞』。

『毎日新聞』。

『読売新聞』。

書籍

明石康『忍耐と希望――カンボジアの五六〇日』朝日新聞社、一九九五年。

明石康『カンボジアPKO日記――一九九一年一二月～一九九三年九月』岩波書店、二〇一七年。

朝日新聞国際貢献取材班編『海を渡った自衛隊』朝日新聞社、一九九三年。

朝日新聞「自衛隊五〇年」取材班『自衛隊——知られざる変容』朝日新聞社、二〇〇五年。

朝日新聞政治部取材班『安倍政権の裏の顔——「攻防集団的自衛権」ドキュメント』講談社、二〇一五年。

朝日新聞「湾岸危機」取材班『湾岸戦争と日本——問われる危機管理』朝日新聞社、一九九一年。

安倍晋三著、橋本五郎、尾山宏聞き手、北村滋監修『安倍晋三回顧録』中央公論新社、二〇二三年。

有馬龍夫『対欧米外交の追憶——一九六二・一九九七』下、藤原書店、二〇一五年。

五百旗頭真、伊藤元重、薬師寺克行編『宮澤喜一——保守本流の軌跡』朝日新聞社、二〇〇六年。

五百旗頭真、伊藤元重、薬師寺克行編『外交激変——元外務省事務次官柳井俊二』朝日新聞社、二〇〇七年。

五百旗頭真、宮城大蔵編『橋本龍太郎外交回顧録』岩波書店、二〇一三年。

池田維『カンボジア和平への道——証言　日本外交試練の五年間』都市出版、一九九六年。

石川真澄、山口二郎『戦後政治史　第四版』岩波書店、二〇二一年。

石原信雄『官邸二六六八日——政策決定の舞台裏』日本放送出版協会、一九九五年。

石原信雄回顧談編纂委員会編『石原信雄回顧談——一官僚の矜持と苦節』第三巻、ぎょうせい、二〇一八年。

今川幸雄『カンボジアと日本』連合出版、二〇〇〇年。

上杉勇司、藤重博美編『国際平和協力入門——国際社会への貢献と日本の課題』ミネルヴァ書房、二〇一八年。

上杉勇司、藤重博美、吉崎知典、本多倫彬編『世界に向けたオールジャパン——平和構築・人道支援・災害救援の新しいかたち』内外出版、二〇一六年。

梅澤昇平『野党の政策過程』芦書房、二〇〇〇年。

大内啓伍『われ、事に後悔せず』大和出版、一九九五年。

折田正樹著、服部龍二、白鳥潤一郎編『外交証言録　湾岸戦争・普天間問題・イラク戦争』岩波書店、二〇一三年。

海部俊樹『政治とカネ——海部俊樹回顧録』新潮社、二〇一〇年。

梶本幸治、園田原三、浜谷惇編『元内閣総理大臣　村山富市の証言録——自社さ連立政権の実相』新生舎出版、二〇一一年。

加藤博章『自衛隊海外派遣の起源』勁草書房、二〇二〇年。

加藤博章『自衛隊海外派遣』筑摩書房、二〇二三年。

神本光伸『ルワンダ難民救援隊ザイール・ゴマの八〇日——我が国最初の人道的国際救援活動』内外出版、二〇〇七年。

北岡伸一『自民党——政権党の三八年』読売新聞社、一九九五年（中央公論新社、二〇〇八年）。

紀谷昌彦『南スーダンに平和をつくる――「オールジャパン」の国際貢献』筑摩書房、二〇一九年。

草野厚『連立政権――日本の政治 一九九三〜』文藝春秋、一九九九年。

国枝昌樹『湾岸危機――外交官の現場報告』朝日新聞社、一九九三年。

国正武重『湾岸戦争という転回点――動顚する日本政治』岩波書店、一九九九年。

久保亘『連立政権の真実』読売新聞社、一九九八年。

栗山尚一『日米同盟――漂流からの脱却』日本経済新聞社、一九九七年。

栗山尚一『戦後日本外交――軌跡と課題』岩波書店、二〇一六年。

黒江哲郎『防衛事務次官 冷や汗日記――失敗だらけの役人人生』朝日新聞出版、二〇二二年。

軍事史学会編『ＰＫＯの史的検証』錦正社、二〇〇七年。

香西茂『国連の平和維持活動』有斐閣、一九九一年。

河野雅治『和平工作――対カンボジア外交の証言』岩波書店、一九九九年。

河野洋平『日本外交への直言――回想と提言』岩波書店、二〇一五年。

国連広報センター編『回想 日本と国連の三十年――歴代国連大使が語る《現代史の中の日本》』講談社インターナショナル、一九八六年。

後藤謙次『ドキュメント平成政治史1――崩壊する五五年体制』岩波書店、二〇一四年。

後藤謙次『ドキュメント平成政治史2――小泉劇場の時代』岩波書店、二〇一四年。

後藤謙次『ドキュメント平成政治史3――幻滅の政権交代』岩波書店、二〇一四年。

後藤謙次『ドキュメント平成政治史4――安倍「一強」の完成』岩波書店、二〇二三年。

後藤謙次『ドキュメント平成政治史5――安倍「超長期政権」の終焉』岩波書店、二〇二四年。

後藤田正晴『内閣官房長官』講談社、一九八九年。

後藤田正晴『政と官』講談社、一九九四年。

小山修一『あの日、ジュバは戦場だった――自衛隊南スーダンＰＫＯ隊員の手記』文藝春秋、二〇二〇年。

桜林美佐監修、自衛隊家族会編『自衛官が語る海外活動の記録――進化する国際貢献』並木書房、二〇一九年。

佐々木芳隆『海を渡る自衛隊――ＰＫＯ立法と政治権力』岩波書店、一九九二年。

C・O・E オーラル・政策研究プロジェクト『ＰＫＯプロジェクト・オーラルヒストリー――小和田恒氏（第一回）』政策研究大学院大学、二〇〇二年。

C・O・E・オーラル・政策研究プロジェクト『宮澤喜一オーラルヒストリー（元内閣総理大臣）』政策研究大学院大学、二〇〇四年。

C・O・E オーラル・政策研究プロジェクト『今川幸雄オーラル・ヒストリー（元駐カンボジア大使）』政策研究大学院大学、二〇〇五年。

C・O・E・オーラル・政策研究プロジェクト『谷野作太郎オーラルヒストリー――カンボジア和平と日本外交』政策研究大学院大学、二〇〇五年。

信田智人『冷戦後の日本外交――安全保障政策の国内政治過程』ミネルヴァ書房、二〇〇六年。

篠田英朗『日の丸とボランティア――二四歳のカンボジアPKO要員』文藝春秋、一九九四年。

庄司貴由『自衛隊海外派遣と日本外交――冷戦後における人的貢献の模索』日本経済評論社、二〇一五年。

神余隆博編『国際平和協力入門』有斐閣、一九九五年。

神余隆博『新国連論――国際平和のための国連と日本の役割』大阪大学出版会、一九九五年。

関はじめ、落合畯、杉之尾宜生『PKOの真実――知られざる自衛隊海外派遣のすべて』経済界、二〇〇四年。

外岡秀俊、本田優、三浦俊章『日米同盟半世紀――安保と密約』朝日新聞社、二〇〇一年。

田中均『外交の力』日本経済新聞出版社、二〇〇九年。

谷野作太郎著、服部龍二、若月秀和、昇亜美子編『外交証言録　アジア外交――回顧と考察』岩波書店、二〇一五年。

丹波實『わが外交人生』中央公論新社、二〇一一年。

手嶋龍一『一九九一年　日本の敗北』新潮社、一九九三年。

寺田輝介著、服部龍二、若月秀和、庄司貴由編『外交回想録　竹下外交・ペルー日本大使公邸占拠事件・朝鮮半島問題』吉田書店、二〇二〇年。

田仁揆『国連事務総長――世界で最も不可能な仕事』中央公論新社、二〇一九年。

冨山泰『カンボジア戦記――民族和解への道』中央公論社、一九九二年。

土井たか子『せいいっぱい――土井たか子　半自伝』朝日新聞社、一九九三年。

中曽根康弘著、中島琢磨、服部龍二、昇亜美子、若月秀和、道下徳成、楠綾子、瀬川高央編『中曽根康弘が語る戦後日本外交』新潮社、二〇一二年。

中村ふじゑ、岩田功吉、門田誠、加藤則夫、福家洋介翻訳・解説、須貝良日録作成『アジアの新聞が報じた自衛隊の「海外派兵」』梨の木舎、一九九一年。

ナミビア選挙監視団日本隊編『ナミビア選挙監視団日本隊の記録』一九九四年。

日本再建イニシアティブ『民主党政権　失敗の検証――日本政治は何を活かすか』中央公論新社、二〇一三年。

H・ノーマン・シュワーツコフ『シュワーツコフ回想録――少年時代・ヴェトナム最前線・湾岸戦争』新潮社、一九九四年。

長谷川和年著、瀬川高央、服部龍二、若月秀和、加藤博章編『首相秘書官が語る中曽根外交の舞台裏――米・中・韓との相互信頼はいかに構築されたか』朝日新聞出版、二〇一四年。

旗手啓介『告白――あるＰＫＯ隊員の死・23年目の真実』講談社、二〇一八年。

原彬久『戦後史のなかの日本社会党――その理想主義とは何であったのか』中央公論新社、二〇〇〇年。

半田滋『検証　自衛隊・南スーダンＰＫＯ――融解するシビリアン・コントロール』岩波書店、二〇一八年。

潘亮『日本の国連外交――戦前から現代まで』名古屋大学出版会、二〇二四年。

平野貞夫『平成政治二〇年史』幻冬舎、二〇〇八年。

広瀬善男『国連の平和維持活動――国際法と憲法の視座から』信山社、一九九二年。

藤重博美『冷戦後における自衛隊の役割とその変容――規範の相克と止揚、そして「積極主義」への転回　改訂版』内外出版、二〇二一年。

藤村修著、竹中治堅インタビュー・構成『民主党を見つめ直す――元官房長官・藤村修回想録』毎日新聞社、二〇一四年。

布施祐仁、三浦英之『日報隠蔽――南スーダンで自衛隊は何を見たのか』集英社、二〇一八年。

布施祐仁『自衛隊海外派遣――隠された「戦地」の現実』集英社、二〇二二年。

法眼健作著、加藤博章、服部龍二、竹内桂、村上友章編『元国連事務次長　法眼健作回顧録』吉田書店、二〇一五年。

防衛省防衛研究所戦史研究センター編『オーラル・ヒストリー　冷戦期の防衛力整備と同盟政策④』防衛省防衛研究所、二〇一五年。

防衛省防衛研究所戦史研究センター編『オーラル・ヒストリー　日本の安全保障と防衛力⑦　日吉章〈元防衛事務次官〉』防衛省防衛研究所、二〇二〇年。

防衛省防衛研究所戦史部編『西元徹也オーラル・ヒストリー〈元統合幕僚会議議長〉』下巻、防衛省防衛研究所、二〇一〇年。

細川護熙編『日本新党――責任ある変革』東洋経済新報社、一九九三年。

細川護熙著、伊集院敦構成『内訟録――細川護熙総理大臣日記』日本経済新聞出版社、二〇一〇年。

細谷雄一『安保論争』筑摩書房、二〇一六年。

本多倫彬『平和構築の模索――「自衛隊ＰＫＯ派遣」の挑戦と帰結』内外出版、二〇一七年。

前田哲男『カンボジアＰＫＯ従軍記』毎日新聞社、一九九三年。

前田哲男編『検証　ＰＫＯと自衛隊』岩波書店、一九九六年。

牧原出編『法の番人として生きる――大森政輔元内閣法制局長官回顧録』岩波書店、二〇一八年。

松野明久『東ティモール独立史』早稲田大学出版部、二〇〇二年。

御厨貴、中村隆英編『聞き書　宮澤喜一回顧録』岩波書店、二〇〇五年。

御厨貴、牧原出編『聞き書　武村正義回顧録』岩波書店、二〇一一年。

御厨貴、渡邉昭夫インタビュー・構成『首相官邸の決断――内閣官房副長官石原信雄の二六〇〇日』中央公論社、一九九七年。

南スーダン・オールジャパン研究会編『省庁間・官民連携を通じた日本の国際平和協力を考える――日本の対アフリカ戦略のなかの南スーダン支援』二〇一六年一二月（https://ajgssp.jimdofree.com/ 報告書／）。

宮城大蔵『現代日本外交史――冷戦後の模索、首相たちの決断』中央公論新社、二〇一六年。

宮城大蔵編『平成の宰相たち――指導者一六人の肖像』ミネルヴァ書房、二〇二一年。

三好範英『特派員報告カンボジアPKO』亜紀書房、一九九四年。

村田良平『村田良平回想録（下巻）――祖国の再生を次世代に託して』ミネルヴァ書房、二〇〇八年。

村山富市著、金森和行インタビュー・構成『村山富市が語る「天命」の五六一日』KKベストセラーズ、一九九六年。

森喜朗『私の履歴書　森喜朗回顧録』日本経済新聞出版社、二〇一三年。

薬師寺克行『外務省――外交力強化への道』岩波書店、二〇〇三年。

薬師寺克行編『村山富市回顧録』岩波書店、二〇一二年。

薬師寺克行『現代日本政治史――政治改革と政権交代』有斐閣、二〇一四年。

山口航『冷戦終焉期の日米関係――分化する総合安全保障』吉川弘文館、二〇二三年。

山田満編『東ティモールを知るための五〇章』明石書店、二〇〇六年。

横田洋三編『国連による平和と安全の維持――解説と資料』第一巻、国際書院、二〇〇〇年。

読売新聞社外報部編『ブルー・ヘルメットの素顔　PKO――国連平和維持活動』読売新聞社、一九九一年。

読売新聞社編集局編『二〇世紀のドラマ　現代史再訪Ⅲ』東京書籍、一九九三年。

読売新聞政治部編『安全保障関連法――変わる安保体制』信山社、二〇一五年。

若月秀和『冷戦の終焉と日本外交――鈴木・中曽根・竹下政権の外政　一九八〇～一九八九年』千倉書房、二〇一七年。

渡邉昭夫編『戦後日本の宰相たち』中央公論社、一九九五年。

論文等

明石康「カンボジア日記――初めて公にするUNTAC代表の全記録」『中央公論』第一〇九巻第三号、一九九四年三月。

浦部浩之「エルサルバドル和平と日本のPKO参加」『地理』第三九巻第一二号、一九九四年一二月。

浦部浩之「モザンビーク和平と国連平和維持活動」『地理』第四〇巻第一〇号、一九九五年一〇月。

海部俊樹、北岡伸一「日本外交インタビューシリーズ（七）海部俊樹――湾岸戦争での苦悩と教訓」『国際問題』第五二〇号、二〇〇三年七月。

加藤博章「ナショナリズムと自衛隊――一九八七年・九一年の掃海艇派遣問題を中心に」『国際政治』第一七〇号、二〇一二年一〇月。

金杉憲治「ソマリアの首都モガディシュでの一泊」『世界あちらこちら』霞関会、二〇一一年二月一日(http://www.kasumigasekikai.or.jp/cn3/sekaiachira.html)。

仮野忠男「論壇　東ティモール　自衛隊の「日韓PKO協力」実現の持つ意味――〝若葉マーク〟をはずして国造りに貢献」『月刊官界』第二八巻第四号、二〇〇二年四月。

萱沼文洋、勝股秀通「派遣隊長・「撤収作戦」を語る――緊迫の自衛隊ゴラン高原PKO」、読売新聞東京本社調査研究本部編『読売クオータリー』第二五号、二〇一三年。

河村延樹「UNDOF自衛隊派遣の舞台裏」『Securitarian』第四四七号、一九九六年三月。

北岡伸一「湾岸戦争と日本の外交」『国際問題』第三七七号、一九九一年八月。

草野厚「PKO参加の新たな展望」、田中明彦監修『「新しい戦争」時代の安全保障――いま日本の外交力が問われている』都市出版、二〇〇二年。

国正武重「湾岸戦争という転回点――動顛する日本政治」『世界』第六四二号、一九九七年一一月。

栗山尚一「責任ある経済大国への途」『外交フォーラム』第二号、一九八八年一一月。

「国連平和協力についての見解」一九九〇年一〇月一五日、公明党政策審議会『政策と提言』第八五号、一九九〇年一一月。

「「国連平和協力法案」の最終案に関する市川書記長談話」一九九〇年一〇月一五日、公明党政策審議会『政策と提言』第八五号、一九九〇年一一月。

西連寺大樹「日本の国連平和維持活動参加問題――文官派遣に至るまで」『政治経済史学』第四三四号、二〇〇〇二年一〇月。

酒井啓亘「国連平和維持活動（PKO）の新たな展開と日本――ポスト冷戦期の議論を中心に」『国際法外交雑誌』第一〇五巻第二号、二〇〇六年八月。

阪口規純「佐藤政権期の国連協力法案の検討――内閣法制局見解を中心に」『政治経済史学』第五一六号、二〇〇九年一〇月。

佐藤誠「モザンビークPKO派遣への疑問――日本はモザンビークをどれだけ知っているのか？」『世界』第五八五号、一九九三年八月。

庄司貴由「竹下内閣と国連平和維持活動――国連ナミビア独立支援グループ（UNTAG）参加問題と外務省」『国際政治』第一六〇号、二〇一〇年三月。

庄司貴由「法案作成をめぐる争い――外務省と国連平和協力法案作成過程」『年報政治学』二〇一一－Ⅱ号、二〇一一年一二月。

庄司貴由「小渕政権期の文民警察官派遣政策――国連東ティモール派遣団（UNAMET）参加問題をめぐる内政と外交」『東アジア学術総合研究所集刊』第四四集、二〇一四年三月。

庄司貴由「ソマリアPKO派遣構想の挫折――第二次国連ソマリア活動（UNOSOMⅡ）参加と外務省」『年報政治学』二〇一九－Ⅱ号、二〇一九年一二月。

庄司貴由「エルサルバドルPKO派遣への道程――国連エルサルバドル監視団（ONUSAL）と日本の対応」『年報政治学』二〇二〇－Ⅱ号、二〇二〇年一二月。

庄司貴由「国連保護軍（UNPROFOR）と日本――非自民連立政権下における検討過程」『三重大学全学共通教育センター研究紀要』第八号、二〇二三年三月。

添谷芳秀「日本のPKO政策――政治環境の構図」、慶應義塾大学『法学研究』第七三巻第一号、二〇〇〇年一月。

竹内行夫「孤独な決断」『外交フォーラム』第六四号、一九九四年一月。

田邉揮司良「東ティモールPKOに参加して――子どもに夢を　大人に技術を」『外交フォーラム』第一九五号、二〇〇四年一〇月。

中澤香世「モザンビークでの成功経験を生かせるか――アフリカでのPKOと自衛隊の役割」『外交フォーラム』第二四五号、二〇〇八年一二月。

長岡佐知「冷戦後の日本の平和活動をめぐる政策・実施枠組みの変化――「安全保障」と「開発」の融合の視点」『Keio SFC Journal』第七巻第一号、二〇〇七年。

永田博美「日本のPKO政策――その批判的検討と今後のあり方」『国際安全保障』第二九巻第一号、二〇〇一年六月。

堀江良一「夜明け前の東ティモール――国際平和協力隊

現地活動報告」『外交フォーラム』第一三七号、二〇〇〇年一月。

宮澤喜一、五百旗頭眞「日本外交インタビューシリーズ（一）宮澤喜一――激動の半世紀を生きて」『国際問題』第五〇〇号、二〇〇一年一一月。

村上友章「岸内閣と国連外交――PKO原体験としてのレバノン危機」、神戸大学大学院国際協力研究科『国際協力論集』第一一巻第一号、二〇〇三年九月。

村上友章「吉田路線とPKO参加問題」『国際政治』第一五一号、二〇〇八年三月。

村上友章「自衛隊による国際平和協力の到達点――平成史の「現場感覚」」『国際政治』第二〇四号、二〇二一年三月。

村上友章「幻の国連協力法案――歴史としてのPKO参加問題」『国連ジャーナル』二〇一五年春号、二〇一五年。

柳井俊二「国連平和維持活動と他の諸活動への協力に関する法律」『日本国際法年報』第三六巻、一九九三年。

柳井俊二「日本のPKO――法と政治の一〇年史」、中央大学法学会『法学新報』第一〇九巻第五、六号、二〇〇三年三月。

柳井俊二「法案から実施まで担ったPKOの生みの親――重層的なアジア外交を展開」『外交』第五四号、二〇一九年三月／四月。

山口航「湾岸戦争で問われた「人的貢献」――海上自衛隊掃海艇海外派遣をめぐって」『外交』第七九号、二〇二三年五月／六月。

学位論文

村上友章「国連平和維持活動と戦後日本外交　一九四六―一九九三」神戸大学大学院国際協力研究科博士論文、二〇〇四年九月。

映像

リドリー・スコット『ブラックホーク・ダウン』二〇〇一年。

NHKスペシャル『変貌するPKO　現場からの報告』二〇一七年五月二八日放送。

その他

外務省〈https://www.mofa.go.jp/mofaj/〉。
国会会議録検索システム〈https://kokkai.ndl.go.jp/#/〉。
参議院〈https://www.sangiin.go.jp/〉。
衆議院〈https://www.shugiin.go.jp/〉。
首相官邸〈https://www.kantei.go.jp/〉。
データベース日本外交史〈https://sites.google.com/view/databasejdh/home〉。
内閣官房〈https://www.cas.go.jp/index.html〉。

内閣府国際平和協力本部事務局〈https://www.cao.go.jp/pko/〉。

防衛省・自衛隊〈https://www.mod.go.jp/〉。

外国語文献

アメリカ情報自由法開示文書

From Desaix Anderson, Acting to Mr. Kimmitt, Meeting with Japanese Deputy Foreign Minister Owada, 28 August 1990, U.S. Department of State Case No. F-2013-21198.
Letter from President Bush to Prime Minister Miyazawa, 30 December 1992, U.S. Department of State Case No. F-2013-21285.
International Coalition for Somalia: Follow-up to the President's Call, December 1992, U.S. Department of State Case No. F-2013-21285.

外務省外交史料館蔵

Personnel Requested from Japan for UNTAC, September 2, 1992.（仮訳「ＵＮＴＡＣのために日本から要請される要員」一九九二年九月二日（〇一―九〇七―一））。

書籍

Alex J. Bellamy and Paul D. Williams, eds., *Providing Peacekeepers: The Politics, Challenges, and Future of United Nations Peacekeeping Contributions*, Oxford: Oxford University Press, 2013.
Alex Morrison and James Kiras, eds., *UN Peace Operations and the Role of Japan*, Clementsport, N.S.: Canadian Peacekeeping Press, 1996.（アレックス・モリソン、ジェームズ・キラス編、内藤嘉昭訳『国連平和活動と日本の役割』文化書房博文社、二〇〇一年）。
Ban Ki-moon, *Resolved: United Nations in a Divided World*, New York: Columbia University Press, 2021.
Boutros Boutros-Ghali, *Unvanquished: a U.S.-U.N. saga*, New York: Random House, 1999.
Brian Urquhart, *A Life in Peace and War*, New York: Harper & Row, 1987.（ブライアン・アークハート、中村恭一訳『炎と砂の中で――ＰＫＯ〔国連平和維持活動〕に生きたわが人生』毎日新聞社、一九九一年）。
Hiromi Nagata Fujishige, Yuji Uesugi, Tomoaki Honda, *Japan's Peacekeeping at a Crossroads: Taking a Robust Stance or Remaining Hesitant?*, Palgrave Macmillan, 2022.
Hugo Dobson, *Japan and United Nations Peacekeeping: New Pressures, New Responses*, London: Routledge-

Curzon, 2003.

Ian Martin, *Self-determination in East Timor: The United Nations, the Ballot, and International Intervention*, Boulder, Colo: Lynne Rienner, 2001.

Kenneth B. Pyle, *The Japanese Question: Power and Purpose in a New Era*, Washington, D.C.: AEI Press, 1992.（ケネス・B・パイル著、加藤幹雄訳『日本への疑問――戦後の五〇年と新しい道』サイマル出版会、一九九五年）。

Kenneth B. Pyle, *Japan Rising: The Resurgence of Japanese Power and Purpose*, New York: Public Affairs, 2007.

Kofi Annan with Nader Mousavizadeh, *Interventions: A Life in War and Peace*, New York: Penguin Press, 2012.（コフィ・アナン、ネイダー・ムザヴィザドゥ著、白戸純訳『介入のとき――コフィ・アナン回顧録』上下、岩波書店、二〇一六年）。

Lam Peng Er, *Japan's Peace-building Diplomacy in Asia: Seeking A More Active Political Role*, London: Routledge, 2009.

Liang Pan, *The United Nations in Japan's Foreign and Security Policymaking, 1945–1992: National Security, Party Politics, and International Status*, Cambridge, Mass.: Harvard University Asia Center, 2005.

L. William Heinrich, Jr., Akiho Shibata, and Yoshihide Soeya, *United Nations Peace-keeping Operations: A Guide to Japanese Policies*, Tokyo: United Nations University Press, 1999.

Mely Caballero-Anthony & Amitav Acharya, eds., *UN Peace Operations and Asian Security*, New York: Routledge, 2005.

Michael H. Armacost, *Friends or Rivals: The Insider's Account of U.S.-Japan Relations*, New York: Columbia University Press, 1996.（マイケル・H・アマコスト著、読売新聞社外報部訳『友か敵か』読売新聞社、一九九六年）。

National Democratic Institute for International Affairs, *Nation Building: The U.N. and Namibia*, New York: National Democratic Institute for International Affairs, 1990.

Peter J. Katzenstein and Nobuo Okawara, *Japan's National Security: Structures, Norms, and Policy Responses in a Changing World*, Ithaca: Cornell University Press, 1993.

Peter J. Katzenstein, *Cultural Norms & National Security: Police and Military in Postwar Japan*, Ithaca: Cornell University Press, 1996.（ピーター・J・カッツェンスタイン著、有賀誠訳『文化と国防――戦後日

本の警察と軍隊』日本経済評論社、二〇〇七年）。

Richard J. Samuels, *Securing Japan: Tokyo's Grand Strategy and the Future of East Asia*, Ithaca: Cornell University Press, 2007.（リチャード・J・サミュエルズ著、白石隆監訳、中西真雄美訳『日本防衛の大戦略——富国強兵からゴルディロックス・コンセンサスまで』日本経済新聞出版社、二〇〇九年）。

Selig S. Harrison and Masashi Nishihara, eds., *UN Peacekeeping: Japanese and American Perspectives*, Carnegie Endowment for International Peace, 1995.（西原正、セリグ・S・ハリソン共編『国連ＰＫＯと日米安保——新しい日米協力のあり方』亜紀書房、一九九五年）。

Steven R. Ratner, *The New UN Peacekeeping: Building Peace in Lands of Conflict after the Cold War*, New York: St Martin's Press, 1995.

United Nations Department of Public Information, *The Blue Helmets: A Review of United Nations Peacekeeping Third edition*, New York: United Nations Department of Public Information, 1996.

論文等

Akiho Shibata, "Japanese Peacekeeping Legislation and Recent Developments in U.N. Operations," *Yale Journal of International Law*, Vol. 19, 1994.

Aurelia George, "Japan's Participation in U.N. Peacekeeping Operations: Radical Departure or Predictable Response?," *Asian Survey*, Vol. 33, No. 6, June 1993.

Aurelia George Mulgan, "International Peacekeeping and Japan's Role: Catalyst or Cautionary Tale?," *Asian Survey*, Vol. 35, No. 12, December 1995.

Caroline Rose, "Japanese Role in PKO and Humanitarian Assistance," Takashi Inoguchi and Purnendra Jain, eds., *Japanese Foreign Policy Today*, New York: Palgrave, 2000.

Courtney Purrington and A. K., "Tokyo's Policy Responses During The Gulf Crisis," *Asian Survey*, Vol. 31, No, 4, April 1991.

Courtney Purrington, "Tokyo's Policy Responses During the Gulf War and the Impact of the 'Iraqi Shock' on Japan," *Pacific Affairs*, Vol. 65, No. 2, 1992.

Hiroaki Takano, "Military Support to Civilian Capacity Building: Human Resource Development Efforts by the Japanese Contingents in East Timor," *Peace & Stability Operations Journal Online*, Volume 1, Issue 4, July 2011.

Hisashi Owada, "A Japanese Perspective on Peacekeeping," Daniel Warner, eds., *New Dimensions of Peace-*

keeping, Boston: M. Nijhoff Publishers, 1995.

Hisashi Owada, "Japan's Constitutional Power to Participate in Peace-Keeping," *New York University Journal of International Law and Politics*, Vol. 27, No. 271, 1996–1997.

Katsumi Ishizuka, "Japan and UN Peace Operations," *Japanese Journal of Political Science*, Vol. 5, No.1, 2004.

Kimberley Marten Zisk, "Japan's United Nations Peacekeeping Dilemma," *Asia-Pacific Review*, Vol. 8, No. 1, 2001.

Kiyofuku Chuma, "The Debate over Japan's Participation in Peace-keeping Operations," *Japan Review of International Affairs*, Fall 1992.

Milton Leitenberg, "The Participation of Japanese Military Forces in United Nations Peacekeeping Operations," *Asian Perspective*, Vol. 20, No. 1 Spring-Summer 1996.

Peter J. Woolley, "Japan's 1991 Minesweeping Decision: An Organizational Response," *Asian Survey*, Vol. 36, No. 8, August 1996.

Ryo Yamamoto, "Legal Issues Concerning Japan's Participation in United Nations Peace-Keeping Operations（1991–2003）," *The Japanese Annual of International Law*, No. 47, 2004.

Shigeru Kozai, "Japanese Participation in United Nations Forces: Possibilities and Limitations," *The Japanese Annual of International Law*, No. 9, 1965.

Shigeru Kozai, "UN Peace-Keeping and Japan: Problems and Prospects," Nisuke Ando, eds., *Japan and International Law, Past, Present and Future: International Symposium to Mark the Centennial of the Japanese Association of International Law*, The Hague; London: Kluwer Law International, 1999.

Shigeru Kozai, "Japan and PKO: Japanese Experiences and its Policy," *Osaka Gakuin University International Studies*, Vol. 12, No. 2, December 2001.

Shunji Yanai, "Law Concerning Cooperation for United Nations Peace-Keeping Operations and Other Operations: The Japanese PKO Experience," *The Japanese Annual of International Law*, No. 36, 1993.

S. Javed Maswood, "Japan and the Gulf Crisis: Still Searching for a Role," *The Pacific Review*, Vol. 5, No. 2, 1992.

Takashi Inoguchi, "Japan's Response to the Gulf Crisis: An Analytic Overview," *Journal of Japanese Studies*, Vol. 17, No. 2, 1991.

Takashi Inoguchi, "Japan's United Nations Peacekeeping and Other Operations,", *International Journal*, Vol. 50, No. 2, Spring, 1995.（猪口孝訳「日本の国連平和維持及び他の諸活動」『レヴァイアサン』臨時増刊号、一九九六年一月）。

Yasuhiro Takeda, "Japan's Role in the Cambodian Peace Process: Diplomacy, Manpower, and Finance," *Asian Survey*, Vol. 38, No. 6, June 1998.

Young-sun Song, "Japanese Peacekeeping Operations: Yesterday, Today, and Tomorrow," *Asian Perspective*, Vol. 20, No. 1, Spring-Summer 1996.

新聞

Washington Post.

The Indonesia Times.

The Jakarta Post.

The New York Times.

その他

Official Document System of the United Nations 〈https://documents.un.org/〉.

George H. W. Bush Presidential Library 〈https://bush41library.tamu.edu/〉.

ちくま新書
1799

日本《にほん》のＰＫＯ政策《せいさく》――葛藤《かっとう》と苦悩《くのう》の60年《ねん》

二〇二四年六月一〇日　第一刷発行

著　者　庄司貴由（しょうじ・たかゆき）

発行者　喜入冬子

発行所　株式会社　筑摩書房
東京都台東区蔵前二-五-三　郵便番号一一一-八七五五
電話番号〇三-五六八七-二六〇一（代表）

装幀者　間村俊一

印刷・製本　三松堂印刷　株式会社

ISBN978-4-480-07625-0 C0231

ちくま新書

1726
自衛隊海外派遣
加藤博章
変容する国際情勢に対して日本は何ができ、何ができないのか？　ペルシャ湾、イラク戦争からウクライナ戦争に至るまで。自衛隊海外活動の全貌に迫る画期的通史。

1382
南スーダンに平和をつくる
――「オールジャパン」の国際貢献
紀谷昌彦
二〇一一年に独立した新興国南スーダン。その平和構築の現場では何が起こり必要とされているのか。前駐在大使が支援の最前線での経験と葛藤を伝える貴重な証言。

1484
日本人のためのイスラエル入門
大隅洋
AI、スタートアップ、先端技術……。宗教と伝統が息づく中東の小国はいかにしてイノベーション大国となったのか？　現役外交官がその秘密を語り尽くす！

1733
日本型開発協力
――途上国支援はなぜ必要なのか
松本勝男
緊迫する国際情勢において途上国支援の役割とは何か。欧米とも中国とも異なる日本独自の貢献のかたちを紹介しつつ、めざすべき開発協力のあり方を提示する。

1220
日本の安全保障
加藤朗
日本の安全保障が転機を迎えている。「積極的平和主義」とは何か？　自国の安全をいかに確保すべきか？　これらの点を現実的に考え、日本が選ぶべき道を示す。

1199
安保論争
細谷雄一
平和はいかにして実現可能なのか。安保関連法をめぐる激しい論戦のもと、この重要な問いが忘却されてきた。外交史の観点から、現代のあるべき安全保障を考える。

1721
紛争地の歩き方
――現場で考える和解への道
上杉勇司
カンボジアからシリア、ボスニアまで世界各地の紛争地で現地の平和に貢献する活動を行ってきた国際紛争研究者が、紛争の現場を訪ね、和解とは何かを問いなおす。

ちくま新書

294 デモクラシーの論じ方 ――論争の政治 杉田敦

民主主義、民主的な政治とは何なのか。あまりに基本的と思える問題について、一から考え、デモクラシーにおける対立点や問題点を明らかにする、対話形式の試み。

465 憲法と平和を問いなおす 長谷部恭男

情緒論に陥りがちな改憲論議と冷静に向きあうには、そもそも何のための憲法かを問う視点が欠かせない。この国のかたちを決する大問題を考え抜く手がかりを示す。

594 改憲問題 愛敬浩二

戦後憲法はどう機能してきたか。改正でどんな効果が期待できるのか。改憲論議にはこうした実質を問う視角が欠けている。改憲派の思惑と帰結をクールに斬る一冊！

655 政治学の名著30 佐々木毅

古代から現代まで、著者がその政治観を形成する上でたえず傍らにあった名著の数々。選ばれた30冊は混迷を深める時代にこそますます重みを持ち、輝きを放つ。

984 日本の転機 ――米中の狭間でどう生き残るか ロナルド・ドーア

三〇～四〇年後、米中冷戦の進展によって、世界は大きく変わる。太平洋体制と並行して進展する中東の動きを分析し、徹底したリアリズムで日本の経路を描く。

1013 世界を動かす海賊 竹田いさみ

海賊の出没ポイントは重要な航路に集中する。資源を海外に頼る日本の死活問題。海自や海保の活躍、国際連携、資源や援助……。国際犯罪の真相を多角的にえぐる。

1033 平和構築入門 ――その思想と方法を問いなおす 篠田英朗

平和はいかにしてつくられるものなのか。武力介入や犯罪処罰、開発援助、人命救助など、その実際的手法と背景にある思想をわかりやすく解説する、必読の入門書。

ちくま新書

1044
司法権力の内幕
森炎
日本の裁判所はなぜ理不尽か。人質司法、不当判決、形式的な死刑基準……など、その背後に潜むゆがみや瑕疵を整理、解説。第三権力の核心をえぐる。

1049
現代語訳　日本国憲法
伊藤真訳
憲法とは何か。なぜ改憲が議論になるのか。明治憲法と、日本国憲法。「二つの憲法」の生き生きとした現代語訳から、日本という国の姿が見えてくる。

1111
平和のための戦争論
――集団的自衛権は何をもたらすのか？
植木千可子
「戦争をするか、否か」を決めるのは、私たちの責任になる。集団的自衛権の容認によって、日本と世界はどう変わるのか？　現実的な視点から徹底的に考えぬく。

1122
平和憲法の深層
古関彰一
日本国憲法制定の知られざる内幕。そもそも平和憲法は押し付けだったのか。天皇制、沖縄、安全保障……その背後の政治的思惑、軍事戦略、憲法学者の主導権争い。

1152
自衛隊史
――防衛政策の七〇年
佐道明広
世界にも類を見ない軍事組織・自衛隊はどのようにできたのか。国際情勢の変動と平和主義の間で揺れ動いてきた防衛政策の全貌を描き出す、はじめての自衛隊全史。

1173
暴走する自衛隊
纐纈厚
自衛隊武官の相次ぐ問題発言、国連ＰＫＯへの参加、庁から省への昇格、安保関連法案の強行可決、文官優位の廃止……。日本の文民統制はいま、どうなっているか。

1176
迷走する民主主義
森政稔
政権交代や強いリーダーシップを追求した「改革」がもたらしたのは、民主主義への不信と憎悪だった。その背景に何があるのか。政治の本分と限界を冷静に考える。

ちくま新書

1185
台湾とは何か
野嶋剛
国力において圧倒的な中国・日本との関係を深化させる台湾。日中台の複雑な三角関係を波乱の歴史、台湾の社会・政治状況から解き明かし、日本の針路を提言。

1193
移民大国アメリカ
西山隆行
止まるところを知らない中南米移民。その増加への不満がいかに米国社会を蝕みつつあるのか。米国の移民問題の全容を解明し、日本に与える示唆を多角的に分析する。

1195
「野党」論
——何のためにあるのか
吉田徹
野党は、民主主義をよりよくする上で不可欠のツールだ。そんな野党に多角的な光を当て、来るべき野党を、これからの対立軸を展望する。「賢い有権者」必読の書！

1223
日本と中国経済
——相互交流と衝突の一〇〇年
梶谷懐
「反日騒動」や「爆買い」は今に始まったことではない。近現代史を振り返ると日中の経済関係はアンビバレントに進んできた。この一〇〇年の政治経済を概観する。

1236
日本の戦略外交
鈴木美勝
外交取材のエキスパートが読む世界史ゲームのいま。「歴史」の和解と打算、機略縦横の駆け引き、舞台裏で支えるキーマンの素顔……。戦略的リアリズムとは何か！

1258
現代中国入門
光田剛編
あまりにも変化が速い現代中国。その実像を政治史、文化、思想、社会、軍事等の専門家がわかりやすく解説。歴史から最新情勢までバランスよく理解できる入門書。

1267
ほんとうの憲法
——戦後日本憲法学批判
篠田英朗
憲法九条や集団的自衛権をめぐる日本の憲法学者の議論はなぜガラパゴス化したのか。歴史的経緯を踏まえ、政治学の立場から国際協調主義による平和構築を訴える。

1331
アメリカ政治講義
西山隆行
アメリカの政治はどのように動いているのか。その力学を歴史・制度・文化など多様な背景から解説。アメリカン・デモクラシーの考え方がわかる、入門書の決定版。

1372
国際法
大沼保昭
いまや人々の生活にも深く入り込んでいる国際法。「生きた国際法」を誰にでもわかる形で、体系的に説き明かした待望の入門書。日本を代表する研究者による遺作。

1393
教養としての政治学入門
成蹊大学法学部編
いま政治学では何が問題になっているのか。政治史・政治理論・国際政治・福祉・行政学・地方自治などの専門研究者が12のテーマで解説する、知の最先端への道案内。

1512
香港とは何か
野嶋剛
選挙介入や国家安全法の導入決定など、中国の横暴がすさまじい。返還時の約束が反故にされた香港。若者中心の抵抗運動から中米対立もはらむ今後の見通しまで。

1514
中東政治入門
末近浩太
パレスチナ問題、「アラブの春」、シリア内戦、「イスラーム国」、石油依存経済、米露の介入……中東が抱える複雑な問題を「理解」するために必読の決定版入門書。

1515
戦後日本を問いなおす
――日米非対称のダイナミズム
原彬久
日本はなぜ対米従属をやめられないのか。戦後の「日米非対称システム」を分析し、中国台頭・米国後退の中、政治的自立のため日本国民がいま何をすべきかを問う。

1518
メディアが動かすアメリカ
――民主政治とジャーナリズム
渡辺将人
メディアは政治をいかに動かし、また動かされてきたのか。アメリカのテレビと選挙の現場を知り尽くした著者が解き明かす、超大国アメリカの知られざる姿。